誤報じゃないのに なぜ取り消したの？

原発「吉田調書」報道をめぐる朝日新聞の矛盾

原発「吉田調書」報道を考える読者の会と仲間たち［編著］

はじめに◉『誤報じゃないのになぜ取り消したの？』を刊行するにあたって

私たちは現在、朝日新聞社とその第三者機関である「報道と人権委員会」（以下、ＰＲＣ）に公開質問状（66頁参照）を送付し、回答するようお願いしています。

公開質問状とは、朝日新聞社が２０１４年９月11日の記者会見で取り消した新聞記事への疑問点を「『福島原発事故・吉田調書』報道記事取り消しに関する質問」としてまとめたもので、質問に対する回答は今も得られていません。

＊　＊　＊

２０１１年３月11日の東日本大震災に伴って発生した東京電力福島第一原子力発電所（以下、福島第一原発。原子力発電所は以下、原発）事故は、放射性物質を大量に放出し、私たちの暮らしや社会に深刻な打撃を与えました。しかし東電は、原発事故をめぐる重要な情報を開示することなく、真相を明かさずに事態を乗り切ろうとしました。私たちは放射性物質への恐怖とともに原発事故をめぐる情報が開示されない不安を抱えながら今まで暮らしてきました。事故情報の秘匿は、原発の再稼働にとって必要な処置であり、その一つが「吉田調書」でした。「吉田調書」とは、福島第一原発で事故が発生したとき、現場の責任者として対応した吉田昌郎所長（故人）が「東京電力福島原子力発電所における事故調査・検証委員会」（以下、政府事故調）の事情聴取に応じた「聴取結果書」の通称です。

朝日新聞は２０１４年５月20日付の朝刊で、原発事故の真相に迫るスクープ記事を報じました。記事は、事故直後に行われたヒアリング記録であり、一級の事故資料である「吉田調書」を白日の元にさらし、原発事故の現場で何が起こっていたのかを明らかにしてくれました。

しかし朝日新聞社は9月11日に記者会見を開き、木村伊量社長（当時）の謝罪とともに「読者に誤った印象を与えた」という理由で記事を取り消しました。新聞他社をはじめとする報道機関から、スクープ記事が「誤報」であるかのような情報がそののち発信されました。

しかし「原発『吉田調書』報道」は「誤報」ではなかったのです。

では、「誤報」ではない新聞記事が、なぜ取り消されたのか？

私たちが「原発『吉田調書』報道を考える読者の会」を起ち上げて声をあげはじめた理由《わけ》は、「誤報じゃないのになぜ取り消したの？」という素朴な疑問を抱いたからでした。私たちは原発「吉田調書」報道「取り消し」の真相を明らかにすることを通して日本のジャーナリズムに何が起こっているのかを知っていただこうと、このブックレットを制作しました。

今、命や暮らしに繋がる情報から、私たちは遠ざけられていないでしょうか。政府による原発事故情報の秘匿やジャーナリズムへの対応は、現在、言論・報道機関全般への介入や統制へと進んではいないでしょうか。「知る権利」は、民主主義社会の主権者が自らの権利を行使する基盤として最も大切にされなければなりません。その権利を主権者と共に支えていくのは、朝日新聞をはじめとするジャーナリズムではないでしょうか。

朝日新聞社とＰＲＣは公開質問状に真摯に答えていただくとともに、日本のジャーナリズムの健全なる再生と発展を目指して、読者と共に歩んでいくことを私たちは願っています。

原発「吉田調書」報道を考える読者の会と仲間たち

原発「吉田調書」報道を考える読者の会と仲間たち

青木正巳・大場久昭・岡本達思・城戸浩正・木村結・中村順・堀江鉄雄・三橋俊明・渡辺マリ

〈呼びかけ人〉

足立東子・阿部博紀・阿部めぐみ・新井茂子・井垣寿子・池上宣文・市原みちえ・伊藤春夫・稲本留美・伊部寛・今中京平・内海洋子・太田光征・岡本彰子・奥住好雄・小澤洋一・海渡双葉・海渡雄一・柏木美恵子・加藤誠・金子秀人・鎌田慧・河合弘之・川浪寿見子・川村剛史・北林岳彦・清永博・紅林進・小出裕章・児玉敏郎・小阪誠治・小林伸子・小山広之・最首悟・斉藤貴男・斉藤ゆかり・三枝三七子・阪上武・佐高信・佐々木和子・佐々木久美子・佐々木雅治・澤田位・志葉玲・志村徹麿・下重喜代・城倉啓・杉浦ひとみ・鈴木国夫・高田健・武田仁・田中一郎・田中礼子・田辺文也・溜口郁子・筑紫建彦・筒井和美・冨塚元夫・富山達夫・戸山灰・中村泰子・奈良本英佑・中山武敏・西村敏弘・西山秀夫・Norma Field・橋本眞史・花村徳雄・濱田すみれ・林立彦・半田守孝・伴英幸・平井吉夫・富士勉・藤田高景・渕上太郎・前田和男・松井奈穂・満田夏花・三輪祐児・向井雪子・望月美江・笠優子・矢崎薫・谷田部裕子・柳田真・山岸秀雄・山田厚史・山田純一・山中健史・山野容子・山村貴輝・山本進・横田朔子・横山哲也・米田隆介・渡辺厚子の各氏と、お名前を出せない多数の皆様。

〈賛同人〉

Ⅰ．私たちが朝日新聞社に諫言《かんげん》する理由――その社会的意味

大場久昭（原発「吉田調書」報道を考える読者の会　共同代表）

朝日新聞が「吉田調書」報道を取り消したとき、それまで朝日新聞の天敵だったある週刊誌は、日頃の冷笑とはうって変って、おもいのほか平静な表現でつぎのように述べた。

「いつから朝日新聞はこれほど脆弱になってしまったのか」

意外なことに、天敵にとっては絶好の好機であるにもかかわらず、むしろ朝日新聞に「憐憫《れんびん》の情」を示した論旨だった。それは、さすがの天敵をもってしても、あからさまな非難や追い討ちを控えさせるほど、記事取り消しに狂奔した朝日新聞社首脳陣の言動そのものが、見るにしのびない「醜悪」の一語につきるものだったからだろう。

ことわっておくが、わたしは親子二代にわたる朝日新聞の購読者である。しかし、こころ優しき愛読者ではけっしてない。朝日新聞にとっては「不倶戴天」の従順ならざる読者であり、また、そのことをひそかに自負しているほどだ。この間、記事によってはしばしば悪態をつき、罵声を浴びせることもすくなくなかった。事実、その瞬間にあじわう愉悦はことのほか壮快でもまた無上の歓びでもあった。

その従順ならざる読者のわたしが熟読しても、問題の記事にはなんの違和感も覚えなかったのである。にもか

かわらず朝日の首脳陣は「読者に誤った印象を与えたから記事を取り消す」と言ってのけた。なに「誤った印象」だと、愚にもつかない戯言をぬかすな。ならば、これまでわたしを激怒させた記事の数々も、きっと「誤った印象を与えた」のであろうから、この際ぜひぜひ取り消していただきたいものである。

この問題をひとことで要約するなら、朝日の首脳陣が社外から湧き起った「誤報」の声に乗じて、内心では「誤報」ではないと知りつつも、あたかも「誤報」であったかのごとく読者に思いこませ、記事そのものを葬り去ったのである。なぜ、首脳陣がこのような行動をとったのか。こころ優しき読者のひとりが理路整然とこう読み解いてくれた。

「一連の原発報道が官邸をはじめ政府・与党の逆鱗に触れた。そこで永田町に鎮座ましますお坊ちゃま総理の勘気を解くため、あの記事を生贄《いけにえ》にさしだした。言ってみれば官邸にむけた恭順のサインだったのよ。あの記事が誤報でないことは承知のうえで、取り消しを宣言してみせただけ。だって記事を取り消したと言っておきながら、いまでもデジタル版でちゃんと読むことができるからね」

もし事実なら「天下の公器」にあるまじき所業と言わざるを得ない。ジャーナリズムは右であれ左であれ権力とは一定の距離を保ち、ことあらば臆することなく物申すのが宿命であり、けっして権力者におもねる幇間になってはいけないのである。

この取り消し問題をきっかけに、ジャーナリズムの現況を嘆く識者がふえた。だが、あえて言おう、このまま「生き辛いと泣言をならべるだけでいいのか」と。

今を去る三十有余年前、わたしはときの総理を「暗愚の宰相」と揶揄《やゆ》してはばからなかった週刊誌の駆け出し記者だった。その週刊誌こそ冒頭で触れた週刊誌である。見出しと電車の中吊り広告に「暗愚の宰相」の五文字が躍っていた。永田町を自民党が単独で支配し、野党の存在など歯牙にもかけなかった時代である。もちろん官邸が黙っているはずがない。それ相応の圧力をかけてきた。だが、上層部はその圧力に抗し、耐えしのび、編集部を叱責するどころか、記者の士気にかかわるからと、官邸が動いた気配すら現場に伝えず隠し通したのである。「いい時代だったから」だって？　冗談ではない。「暗愚の宰相」を報ずる直前には、全国紙の次期政治部長と有力視されていた大物記者が、突然、「金権総理」サマのご意向で地方の支局長に左遷されるような時代であった。ジャーナリズムをめぐる状況には、いささかの変化もないのである。

　心得ておかねばならないのは、ゆめゆめ読者を侮ってはならないことである。読者はなにも記事だけを読んでいるわけではない。行間を通して、記者の思いや編集部の居ずまいを慎重に見守っているのだ。スクープや調査報道が炸裂しても、かならずしも部数の増加に直結することはない。だが、不正を暴き真実を追う真摯な姿を視野にとどめ、信ずるにたると納得すれば、きっとこころ優しき賢い読者になってくれると確信している。

　最後に、ここまで稚拙な文言をお読みいただいた読者諸賢にあらためて問題を提起しておきたい。朝日新聞の原発「吉田調書」記事取り消しは、けっして過ぎ去った「過去」ではなく、いまなお論議の渦中にある「現在」なのである、と。

これって「何」？何も変わってないじゃん！

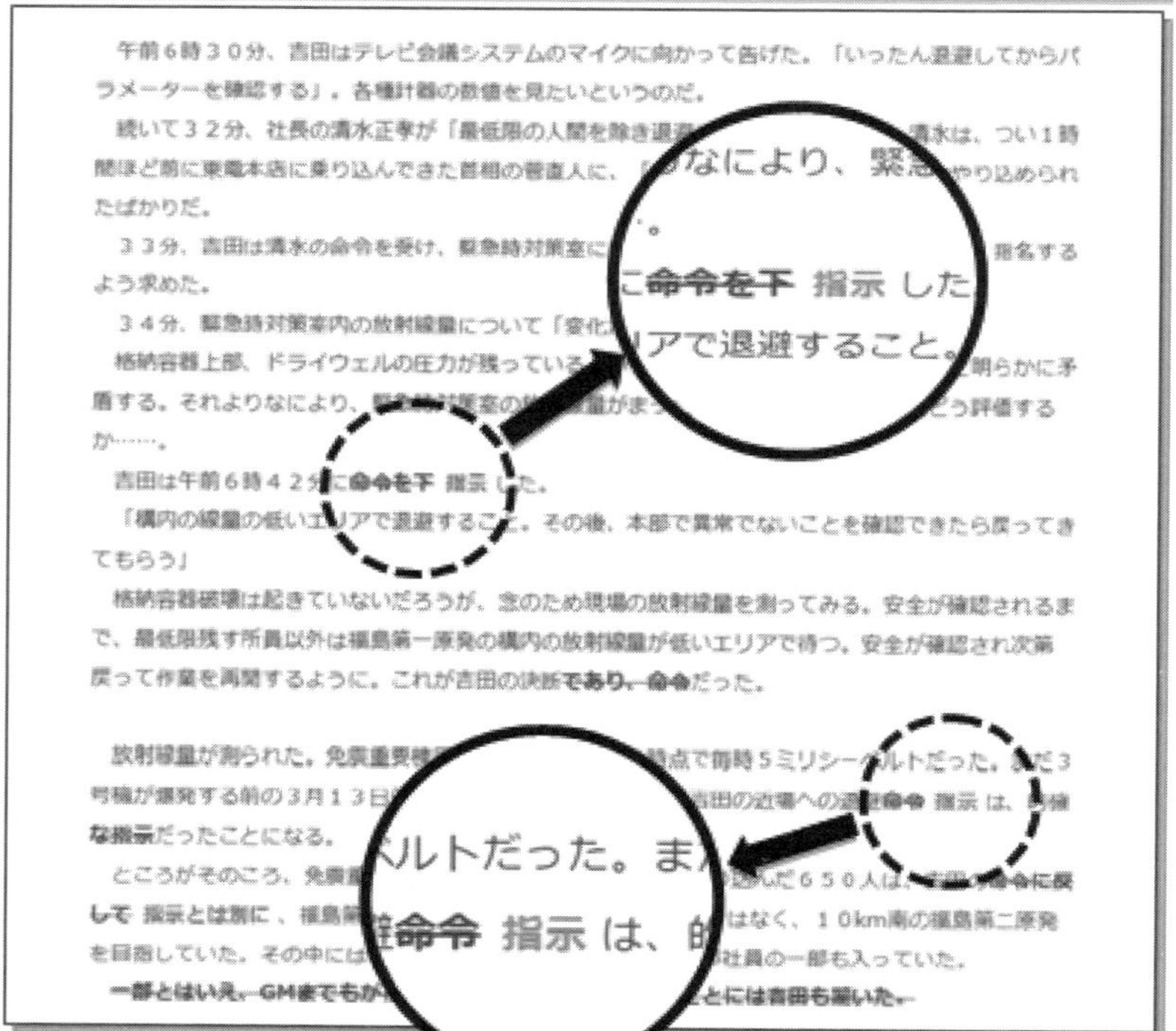

午前６時３０分、吉田はテレビ会議システムのマイクに向かって告げた。「いったん退避してからパラメーターを確認する」。各種計器の数値を見たいというのだ。

続いて３２分、社長の清水正孝が「最低限の人間を除き退 … 清水は、つい１時間ほど前に東電本店に乗り込んできた首相の菅直人に、 … やり込められたばかりだ。

３３分、吉田は清水の命令を受け、緊急時対策室に … 指名するよう求めた。

３４分、緊急時対策室内の放射線量について「変化 … 格納容器上部、ドライウェルの圧力が残っている … 明らかに矛盾する。それよりなにより、 … どう評価するか……。

吉田は午前６時４２分に~~命令を下~~ 指示 した。

「構内の線量の低いエリアで退避すること。その後、本部で異常でないことを確認できたら戻ってきてもらう」

格納容器破壊は起きていないだろうが、念のため現場の放射線量を測ってみる。安全が確認されるまで、最低限残す所員以外は福島第一原発の構内の放射線量が低いエリアで待つ。安全が確認され次第戻って作業を再開するように。これが吉田の決断~~であり、命令~~だった。

放射線量が測られた。免震重要棟 … 時点で毎時５ミリシーベルトだった。また３号機が爆発する前の３月１３日 … 吉田の近場への退避~~命令~~ 指示 は、 … な指示だったことになる。

ところがそのころ、免震重 … 乗り込んだ６５０人は … ~~命令に反して~~ 指示とは別に、福島第 … はなく、１０km南の福島第二原発を目指していた。その中には … 社員の一部も入っていた。

~~一部とはいえ、GMまでもが … とには吉田も驚いた。~~

新聞紙上では「吉田調書」報道を“取り消した”にも拘らず、現在もなお朝日新聞デジタル版には同内容の記事がこうした訂正箇所とともに掲載されています。

【出典】http://www.asahi.com/special/yoshida_report/

これが、わざわざ社長が記者会見までして記事を〝取り消す〟ほどの内容でしょうか？

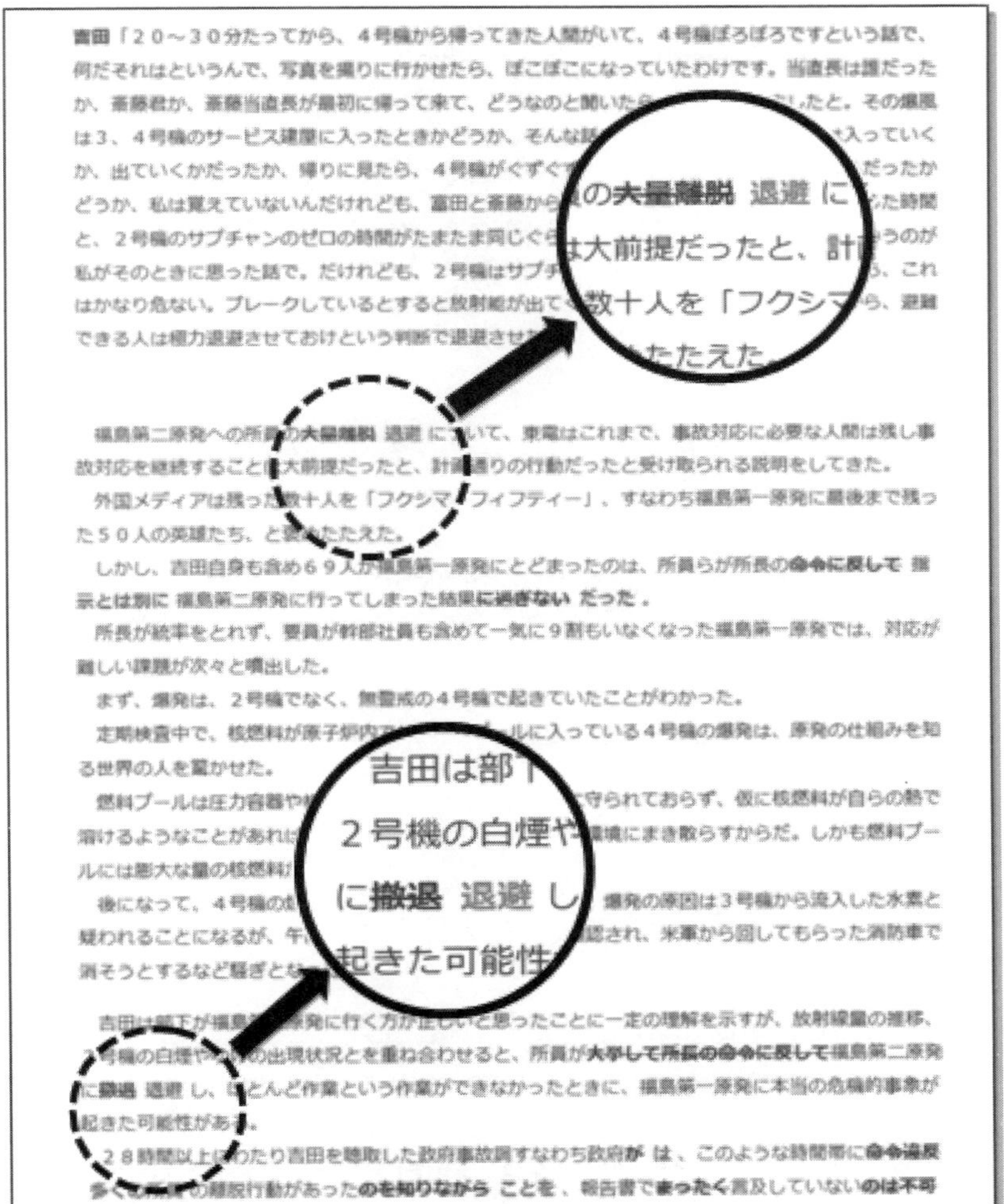

吉田「２０～３０分たってから、４号機から帰ってきた人間がいて、４号機ぼろぼろですという話で、何だそれはというんで、写真を撮りに行かせたら、ぼこぼこになっていたわけです。当直長は誰だったか、斎藤君か、斎藤当直長が最初に帰って来て、どうなのと聞いた[illegible]したと。その爆風は３、４号機のサービス建屋に入ったときかどうか、そんな話[illegible]入っていくか、出ていくかだったか、帰りに見たら、４号機がぐずぐ[illegible]だったかどうか、私は覚えていないんだけれども、富田と斎藤から[illegible]た時間と、２号機のサプチャンのゼロの時間がたまたま同じぐら[illegible]うのが私がそのときに思った話で。だけれども、２号機はサプチ[illegible]ら、これはかなり危ない。ブレークしているとすると放射能が出て[illegible]ら、退避できる人は極力退避させておけという判断で退避させた[illegible]

福島第二原発への所員の大量離脱 退避 について、東電はこれまで、事故対応に必要な人間は残し事故対応を継続することは大前提だったと、計画通りの行動だったと受け取られる説明をしてきた。

外国メディアは残った数十人を「フクシマ・フィフティー」、すなわち福島第一原発に最後まで残った５０人の英雄たち、と褒めたたえた。

しかし、吉田自身も含め６９人が福島第一原発にとどまったのは、所員らが所長の命令に反して 指示とは別に 福島第二原発に行ってしまった結果に過ぎない だった。

所長が統率をとれず、要員が幹部社員も含めて一気に９割もいなくなった福島第一原発では、対応が難しい課題が次々と噴出した。

まず、爆発は、２号機でなく、無警戒の４号機で起きていたことがわかった。

定期検査中で、核燃料が原子炉内で[illegible]ールに入っている４号機の爆発は、原発の仕組みを知る世界の人を驚かせた。

燃料プールは圧力容器や[illegible]守られておらず、仮に核燃料が自らの熱で溶けるようなことがあれ[illegible]環境にまき散らすからだ。しかも燃料プールには膨大な量の核燃料[illegible]

後になって、４号機の[illegible]爆発の原因は３号機から流入した水素と疑われることになるが、午[illegible]認され、米軍から回してもらった消防車で消そうとするなど騒ぎとな[illegible]

吉田は部下が福島第二原発に行く方が正しいと思ったことに一定の理解を示すが、放射線量の推移、２号機の白煙や湯気の出現状況とを重ね合わせると、所員が大挙して所長の命令に反して福島第二原発に撤退 退避 し、ほとんど作業という作業ができなかったときに、福島第一原発に本当の危機的事象が起きた可能性がある。

２８時間以上にわたり吉田を聴取した政府事故調すなわち政府が は、このような時間帯に命令違反 多くの所員の離脱行動があったのを知りながら ことを、報告書でまったく言及していないのは不可解だ。

東電によると、福島第二原発に退いた所員が戻ってくるのはお昼ごろになってからだという。吉田を含む６９人が逃げなかったというのは事実だとして、４基同時の多重災害にその６９人でどこまできちんと対応できたのだろうか。政府事故調も東電もほとんど情報を出さないため不明だ。

この日、２０１１年３月１５日は、福島第一原発の北西、福島県浪江町、飯舘村方向に今回の事故で陸上部分としては最高濃度となる放射性物質をまき散らし、多くの避難民を生んだ日なのにである。

（文中敬称略）

文言の表現に多少の差異はあったとしても、記事全体を〝取り消す〟ほどのことなのでしょうか？　誤解を招くかどうかは、読者が判断することであって、朝日新聞社が考慮することではないと思いますが、読者の皆さんはいかがですか？

2014年～2016年

時系列で追う

原発「吉田調書」スクープからジャーナリズムの自滅宣言まで

2014.5.20
朝日新聞で「吉田調書」入手の特報。
「所長命令に違反　原発撤退」と報道。
誰が暴走する原発に最後まで付き合い、停止するのか。その責任は誰が担うのか。
朝日の報道はとても重要な視点を提供した。
政府事故調の「吉田調書」入手
所長命令に違反　原発撤退
福島第一　所員の9割
震災4日後、福島第二へ
全資料 公表すべきだ
スクープだね

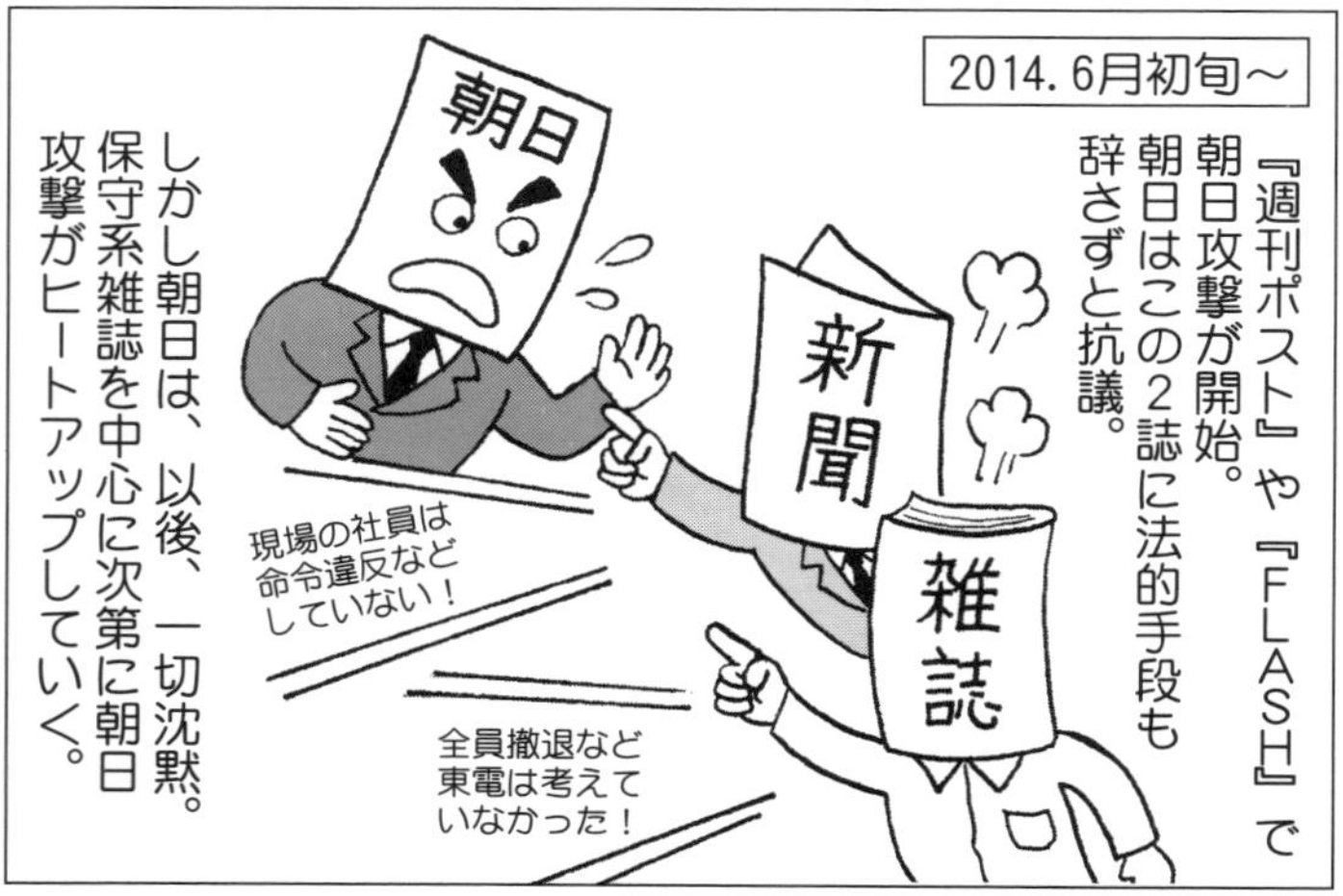
2014.6月初旬～
『週刊ポスト』や『FLASH』で朝日攻撃が開始。
朝日はこの2誌に法的手段も辞さずと抗議。
朝日
新聞
雑誌
現場の社員は命令違反などしていない！
全員撤退など東電は考えていなかった！
しかし朝日は、以後、一切沈黙。
保守系雑誌を中心に次第に朝日攻撃がヒートアップしていく。

2014.6月下旬～
この時期から、朝日は反論の紙面を準備する。
くそぉ～見てろよ
朝日

数度その機会があったが、結局、掲載はされず。
いつ載せるんですか？
まあ、ちょっと待て…
幹部
いったい朝日の社内で何があったのか？

2014.8.18～8.31
そうこうしていると、産経を皮切りに、NHK、読売、共同、そして共同電を使った毎日が「吉田調書」を入手し、報道。NHKを除き、朝日批判のトーンで大展開。
よ〜し、これで朝日を叩くぞ〜
所員は命令違反していないから、朝日の報道は誤報だ！
他紙
他紙
どうして他紙も一斉に『調書』を入手できるの？
官邸が流したのかなあ？
2014.8月下旬
朝日新聞が再度反論の紙面の掲載を準備する。
命令違反したのは事実。報道は間違ってない！
吉田報道
延期するから
幹部
しかし、またまたその紙面は載らなかった。9月4日に延期になる。
2014.9.2夜
「慰安婦」報道に関する池上彰コラム不掲載問題が発覚。後に掲載拒否が実質的に木村伊量社長の判断だったと判明。
なぜ池上コラム載せない？
社内
読者
他紙
木村伊量社長
やっべ…
吉田報道
大変なことになったぞ…
「吉田調書」記事への攻撃に対する反論紙面掲載が吹き飛ぶ。
2014.9.4
「吉田調書」取材班のメンバーが次々と取材班から外される。
悪いのはコイツです！
他誌
他紙
えっなんでオレ？
吉田報道
池上問題

2014.9.11
朝日新聞の木村伊量社長が記者会見。「吉田調書」の記事取り消しを発表。池上コラム不掲載も謝罪。
吉田調書を読み解く過程で評価を誤り、多くの東電職員がその場から逃げ出したかのような印象を与え、間違った記事だと判断した
これじゃあ、まるで池上問題隠しでは？
吉田所長は現場に残れと命じた。これに反して第二原発に行った。伝わろうが、聞いてなかろうが、命令違反は命令違反じゃないの？
「印象」程度で取り消しなの？
取り消しを伝える紙面には『誤報』の文字はなし。池上問題は小さな扱い。
吉田調書「命令違反し撤退」報道
本社、記事取り消し謝罪
慰安婦巡る記事 撤回遅れを謝罪
吉田調書 政府
みなさまに深くおわびします
2014.9.25
「吉田調書」を取り消したことが朝日の「報道と人権委員会（PRC）」で審議される。
なぜか自社内の委員会に朝日新聞が申し立てる。もしかして結論ありき？
2014.9.26
弁護士200人が朝日新聞の決定を批判する申し入れ。記者会見も。
社員集会
2014.10.6
一番の問題は池上コラムを載せなかったことだ
役員
役員
役員
やっぱり！
そうだったんだ！
2014.10.10
木村社長が「PRCは関係者の処分を検討する場だ」と発言。
2014.10.17
作詞家やジャーナリストが朝日の対応を批判する要望書を提出。

2014.11.12
ＰＲＣが見解を発表
朝日が記事を取り消した措置は妥当
宮川光治
長谷部恭男
今井義典
中崎雄也 事務局長
津山昭英 事務局補佐
2014.11.16
海渡雄一弁護士がＰＲＣ見解を批判する論文を発表。記者会見も。
2014.11.28
朝日が部長やデスク、記者らの懲戒処分を発表する。
トカゲシッポ切り
記者
2014.12.16
研究者や弁護士、ジャーナリストが朝日の対応を批判する記者会見を特派員協会で開催。
2015.1.5
朝日の新社長に渡辺雅隆が就任。
2015.3.20
朝日とＰＲＣの対応を批判する書籍『いいがかり』（七つ森書館）が出版。
いいがかり
これは誤報ではない
2015.4.12
「吉田調書」記事の「取り消し」を求める「読者の会」が発足。朝日幹部とＰＲＣに公開質問状を提出。
2015.5.20
朝日とＰＲＣの対応を批判する書籍『朝日新聞「吉田調書報道」は誤報ではない』（彩流社）が出版。
朝日新聞「吉田調書報道」は誤報ではない
2016.1.4
朝日の渡辺社長が「年始の会」で総合メディア企業への転身を発表。挨拶からジャーナリズムの言葉が消える。
朝日
他紙
他紙
そしてまだまだ続く…

参考資料：『創』『週刊現代』『週刊文春』『FACTA』『エルネオス』『エー・ダッシュ』『いいがかり』など

Ⅱ．覆面座談会
朝日通が語る原発「吉田調書」問題の本質
――社員の皆さん、私たちと一緒に語りませんか？

☀「読者の声」は財産
――批判に耳塞ぐ幹部たち

最近、ビジネスの世界でよく耳にする言葉がある。ＣＳＶという言葉だ。

これまで世界の有力な企業の多くは、「企業活動で社会に与えた影響に対応する」という考え方に基づき、環境対策や社会貢献やコンプライアンス（法令遵守）を経営課題に積極的に取り込み、ＣＳＲ（Corporate Social Responsibility＝企業の社会的責任）という概念の下で企業活動を行ってきた。

ＣＳＶ（Creating Shared Value＝共通価値の創造）は、そうした流れに加えて、さらに企業が社会のニーズを取り込んで社会的価値を顧客とともに創造しようという戦略だ。つまり、社会的課題の解決と企業競争力の向上を同時に実現する事業展開で、私たち顧客と企業が価値を分け合う動きである。

ここでポイントになるのが顧客から寄せられる声だ。まだまだ日本でＣＳＶの考えは浸透していないが、それでも、企業が重要視するのは顧客からの声で、中でもクレームや批判は「財産だ」と捉える傾向が強い。顧客からの厳しい意見の中にこそ、新しいビジネスチャンスがあるからだ。

だが、今の朝日新聞社の幹部はこの真逆を進んでいる。原発「吉田調書」報道を取り消した問題で、再三、私たちは朝日新聞の経営・編集幹部に質問状を出している。だが、ほとんど無視されたままだ。せっかくの財産に向き合おうとしない。朝日新聞社の取り消し決定にお墨付きを与えた同社の第三者機関「報道と人権委員会」（以下、ＰＲＣ）の３人の委員に至っては完全無視だ。

朝日社員の皆さん。会社幹部のこんな姿勢を放っておいて、ジャーナリズムの再生は可能でしょうか。私たち原発「吉田調書」報道を考える読者の会と仲間たちは、朝日新

聞の現状を心の底から心配しています。
そこで今回、朝日新聞社幹部たちの姿勢を憂う読者たちに集まっていただき、朝日新聞とジャーナリズムの再生をめぐって大いに語ってもらいました。
社員の皆さん、今度私たちと一緒に語り合いませんか？連絡をお待ちしています。
他の会社の記者さんも、声をあげてください。みんなの問題ではないのですか。

＜出席者＞
赤坂　裕司：朝日新聞社 OB
五木祐一郎：朝日新聞社のビジネス部門と交流のある文筆家
小野　秀吾：ジャーナリスト、元保守系週刊誌ライター
葛西　信之：大手企業の広報/CSR 部門等の元コンサルタント、リタイア後は市民活動家
村本　桃子：朝日新聞もお得意先の一部上場企業営業担当者、市民活動を通じて多数の朝日新聞記者と知り合っている
辺見ゆき子：市民団体役員

2014年（平成26年）5月20日 火曜日 朝日新聞

政府事故調の「吉田調書」入手

所長命令に違反 原発撤退

福島第一 所員の9割

全資料 公表すべきだ

震災４日後、福島第二へ

オピニオン・社説・声・こころ 14.15面

子宮筋腫 内視鏡手術に懸念

沈没事故 韓国与党に逆風

浅田、来季の休養を宣言

大川小訴訟 究明託す父母ら

――座談会にご参加いただきありがとうございます。本日は原発「吉田調書」報道を考える読者の会のメンバーだけでなく、活動に賛同する仲間たちも駆けつけてくれました。朝日新聞社のＯＢの方もいれば、何と朝日新聞攻撃をウリにする保守系週刊誌で活躍し、今はフリーの立場でも健筆をふるっておられるジャーナリストもいらっしゃいます。どうぞよろしくお願いします。

朝日新聞の現状とジャーナリズムの危機

小野　保守を標榜する元週刊誌記者だからって「朝日新聞攻撃がウリ」じゃないよ（笑）。ただし、原発「吉田調書」報道取り消し事件について言えば、朝日幹部の言動は「お粗末」の一語に尽きる。だって記事には事実の間違いはないんだから。今回ばかりは、週刊誌の朝日批判は、それこそ「売らんがため」と言われても仕方がない。

赤坂　私はＯＢとして、今の経営幹部に不信感を持っています。紙面を読んでもその不安は増すばかりです。今年（２０１６年）の元日の紙面を見てびっくりしました。一面のアタマ（トップ）が「18歳をあるく」、社会面のトップが「ネガウ　モトメル」。いったい、何を伝えたい企画なのか全く理解できなかった。元日の紙面と言えば、新聞社が最も力を入れるところです。これじゃあ、わざわざ朝日新聞を購読しなくたっていい。新聞にとって最も大事な調査報道はどこにいったんでしょうか。総合面（一面〜三面）と社会面に調査報道は1本もなかった。OBとして悲しくなりました。朝日の幹部が「吉田調書」の記事を取り消して以降、あまりの紙面劣化にOBとして憂いているんです。本当に現場の後輩たちはこれでいいと思ってるんだろうか。頑張れ、朝日の後輩たち！　力を込めて、そう言いたい。

五木　僕も朝日には頑張って欲しいんだよね。だから、「読者の会」に参加したんだ。ただし、頑張って欲しいのは今の幹部連中じゃない。現場の社員たちに頑張ってもらいたいんだ。僕は朝日とも仕事をするのでビジネス部門の社員とよく話すけれど、若い人がちゃんと声をあげられない雰囲気になってる。社員の中には「吉田調書」の記事を読んでもいないのに、会社の発表した通りのことを繰り返すやつもいる。悲しいね。だってさ、仕事の中味は違っても、朝日って会社は報道を商売にしてきたんでしょ？　戦後の日本の報道機関を引っ張ってきたのは、やっぱり朝日新聞なんだって。多くの読者は、みんなそう思って読んできたわけでしょ。その自覚を持ってほしい。だから頑張って欲しいんだよ。

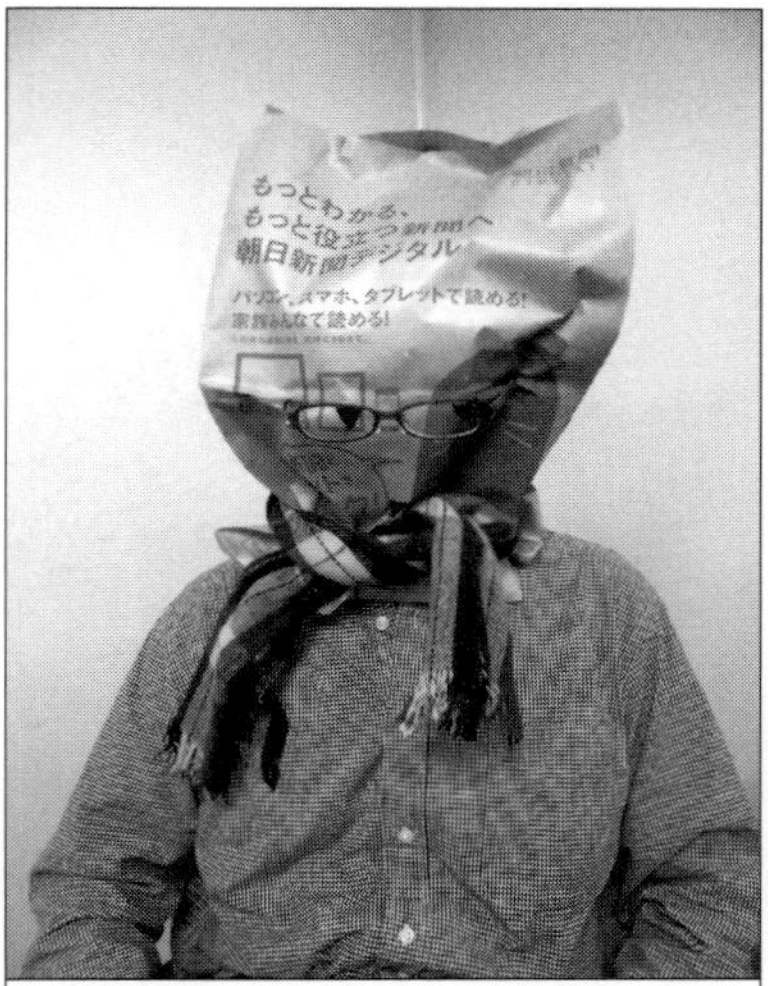

葛西信之さん
私たちは素朴な疑問を公開質問状という形で尋ねているだけなのに、ほとんど無視ですからね。

村本　私もずっと朝日の購読者ですが、原発「吉田調書」報道を取り消して以降、記事が守りに入っていてつまらなくなったというのが率直な感想です。私は多くの朝日記者とも知り合いですが、その記者たちから、「今の局長室は、とにかく外部から批判されないようにしている」「編集幹部はネットで批判されてないかをとても気にしている」といった声をよく耳にしています。

福島原発事故から5年の特集記事には腰が抜けた。連日、東電幹部へのインタビュー記事なんだもの。東電の広報紙

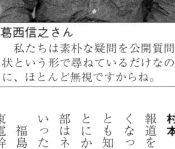

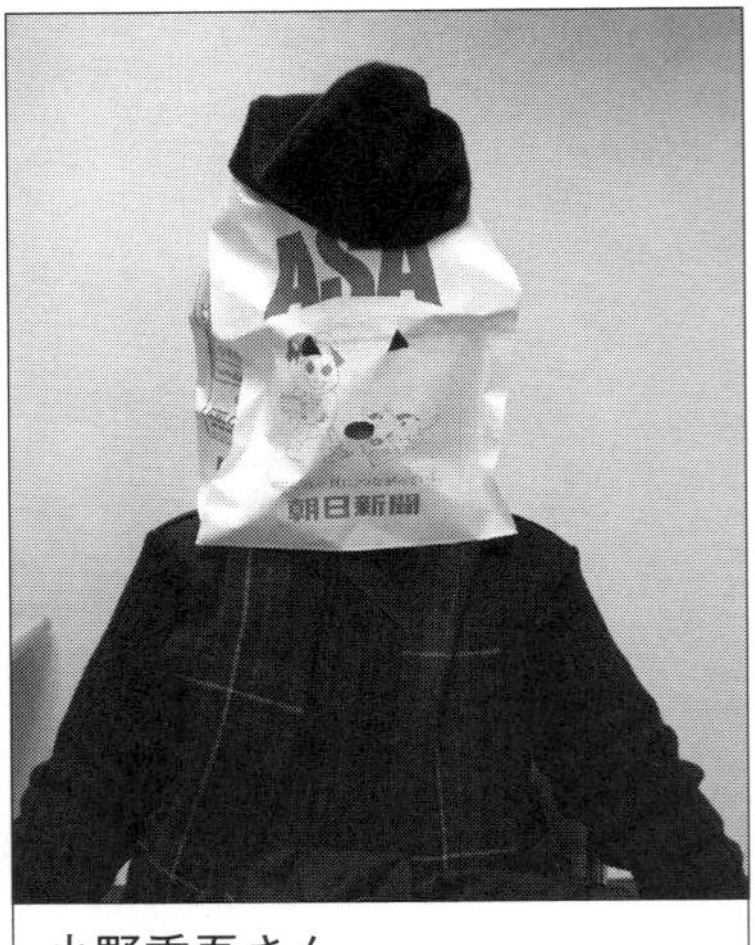

小野秀吾さん
エッジを効かさないと調査報道なんて言えないわけで、それが「吉田調書」のスクープでしょ。

かと思ったわ。３・１１以降、朝日新聞は原発報道でよく頑張ったと思うんです。「プロメテウスの罠」が始まったとき、朝日新聞への期待は世間的にもすごく大きかった。東電のテレビ会議記録を公開させたキャンペーン報道や、手抜き除染の問題などをしっかりと報道してたじゃないですか。あの朝日新聞はどこにいってしまったのでしょう。現場の記者の中には今の編集幹部の姿勢を「悔しい」って言ってる人もいますよ。残念ながら「しょうがない」って半ば諦めていたり、何も考えようとしなかったりする記者も目立ちますけれど。

辺見　そうそう。なんでこんなことになってしまったのでしょうか。テレビ朝日の『報道ステーション』やＴＢＳの『ニュース23』への攻撃もそうですが、「吉田調書」の記事を取り消した事件は、日本のジャーナリズム全体に深刻な影響を与えています。喜んでいるのは、安倍政権でしょ。そのことを朝日の経営・編集幹部はもっと知るべきです。ジャーナリズムの現状はね、けっこう深刻な事態になっている。なんとも罪深いですね。ただ、一番怖いのは、現場の朝日社員が沈黙していることです。他の新聞社の記者たちからも、ちっとも声があがらない。いったい何をやっているのでしょうか。日本のジャーナリズムの現場はどうなっているのでしょう。とても怖い。危機的な状況に向かっていると感じています。

葛西　大手企業の広報戦略を任されていた私から見ると、今の朝日新聞の経営幹部がやっている広報戦略は完全に失敗しています。私たちは素朴な疑問を公開質問状という形で尋ねているだけなのに、ほとんど無視ですからね。「記事の取り消し」に分からないところがあるから教えてください、と言っているだけでしょ。今の渡辺雅隆社長は就任会見（２０１５年１月）で、「読者の疑問に真摯に答えます」と宣言したはずなのに。読者に対して宣言した朝日トップの発言が嘘だったことになる。約束を守れなくて、報道機関なんて言えますか。こんな姿勢はいつまでも押し通せるものじゃない。ＰＲＣについては驚きの一言。完全無視ですからね。ＰＲＣには事実関係の誤りを指摘し、訂正を求めてきたけれど、読者への対応としてはより悪質でしょうね。こんなことを朝日の幹部は許しているわけで、こうした幹部の姿勢を社員の皆さんはどう思っているのか。機会があれば、ぜひ一緒に語り合いたいと思っています。

☀「吉田調書」はスケープゴートにされたのか

――原発「吉田調書」報道取り消し事件は、取り消したのが２０１４年の９月11日だったこともあり、日本版９・11とも言われています。まず、この、９・11を皆さんどのように受け止めたのでしょうか。

辺見ゆき子さん
　不思議だったのは、なんで「吉田調書」のスクープが５月に出て、その約３ヶ月後の８月になって産経や読売が突然、それも同時にスクープできたのか。

村本　ショックでした。私は長年にわたって朝日新聞の読者ですが、確かに福島第一原発事故が起こる３・１１以前の原発報道には不満はあったんです。でも、事故後に社説で「脱原発宣言」を掲載しましたよね。何かが変わるんじゃないかと期待しました。だから「プロメテウスの罠」に感動したし、「吉田調書」を世に出してくれたとき、朝日新聞の果たしてくれた功績に拍手したんです。

　中でも私が最も良かったと感じているのが、「吉田調書」をスクープしてくれたことですね。あの記事を読んで、当時福島第一原発の吉田昌郎所長が神様ではなかったことがわかったんです。それまでは、私の周りにも「神風が吹いてくれた」「英雄が現れて日本を救ってくれた」と素朴に感じていた人がけっこういました。日本人は死者を崇めて英雄を作り出すことが好きな民族なんですかね（笑）。

　でも「吉田調書」を読んだら、吉田所長は津波対策を握りつぶした張本人だった。それは、調書が出てきて初めてわかったことでしょ。津波対策だけではありませんよね。１号機のＩＣ（非常用復水器）の操作も知らず、的確な指示や対応もできていなかった。要するに、吉田所長は神様ではなかったんですよ。

村本桃子さん
　そもそも「吉田調書」の記事は、作業員のほとんどが現場から撤退せざるを得ない状況が発生する原発問題の恐ろしさを指摘したところが重要なポイントでしょ。

「吉田調書」は、誰かが創作した神話を打ち破ってくれた。
　その結果、いったい誰が原発を最後まで責任を持って停止させるのかという、非常に本質的な論点に光を当ててくれました。一つの真実を知らせる突破口を開いてくれたと思うんです。その記事を、「謝って、取り消してしまうというのはどういうこと?」と驚くばかりでした。朝日のトップが、何かから逃れるために、読売新聞、産経新聞、門田隆将、そして官邸に土下座をしているような嫌な気分でした。

葛西　驚いたのは、取り消しの理由が「読者に誤った印象を与えた」っていうんでしょ。それ、おかしくないですか。自分は読者としてあの記事を読みましたが、なにが「誤った印象」なのか理解できませんね。
　そもそも、新聞記事を読んで読者がどんな印象を持ったかを、どうして新聞社が決めるんですか。読者がどう読もうが、どんな印象を持とうが、読者の勝手でしょ。だから、「取り消しの理由」が自分には理解できないわけです。それで質問書を出したんですけど……。

小野　俺はね、少なくとも開かれた民主主義社会では、多様なメディアが必要だと思ってる。メディアが大手町（読売新聞）にばかりに流れたら面白いわけがない。報道の自由を守るはずの築地（朝日新聞）のトップが土下座してしまった。そもそも産経新聞や読売新聞なんて読んでも、俺はちっとも面白くないんだよ。だって、俺の考えと似てんだから（笑）。
　朝日を読んで、初めて俺と異なる意見があることを知るんだ。俺がいた週刊誌の職場には朝日新聞を「築地のプラウダ（旧ソ連の共産党の機関紙）」って言ってた記者もいたけど、朝日に本物の左翼なんていないよ。俺に言わせりゃ、あれは営業左翼だね。左翼のスタンスに立って新聞を売ってるだけ。単なるビジネス上のスタンスなのよ。
　でも、そこの一線だけは守らないと。そこだけが、売りなんだから。論調が『週刊文春』や『週刊新潮』と同じなら、朝日なんて誰も読まないね。だって、読む意味がないでしょ。ジャーナリズムの画一化は、ファシズムのはじまりだよ。異論が飛び交ってこそメディアの存在意義がある。

朝日が取り消した「吉田調書」報道は単純な5W1Hの記事じゃない。調査報道なんだ。要するに「吉田調書」をどう読み解くのかが問われている。それが新聞社のスタンス（見識）なんだ。ところが「吉田調書」を入手した読売も産経も、どう読み解くのかというジャーナリズムとしての姿勢が希薄で、朝日批判のトーンばかりが強かった。独自の読み解き方を示すよりも、朝日批判を強調した報道だった。「吉田調書」を読み解く姿勢がないんじゃ、到底ジャーナリズムとは言えんな。

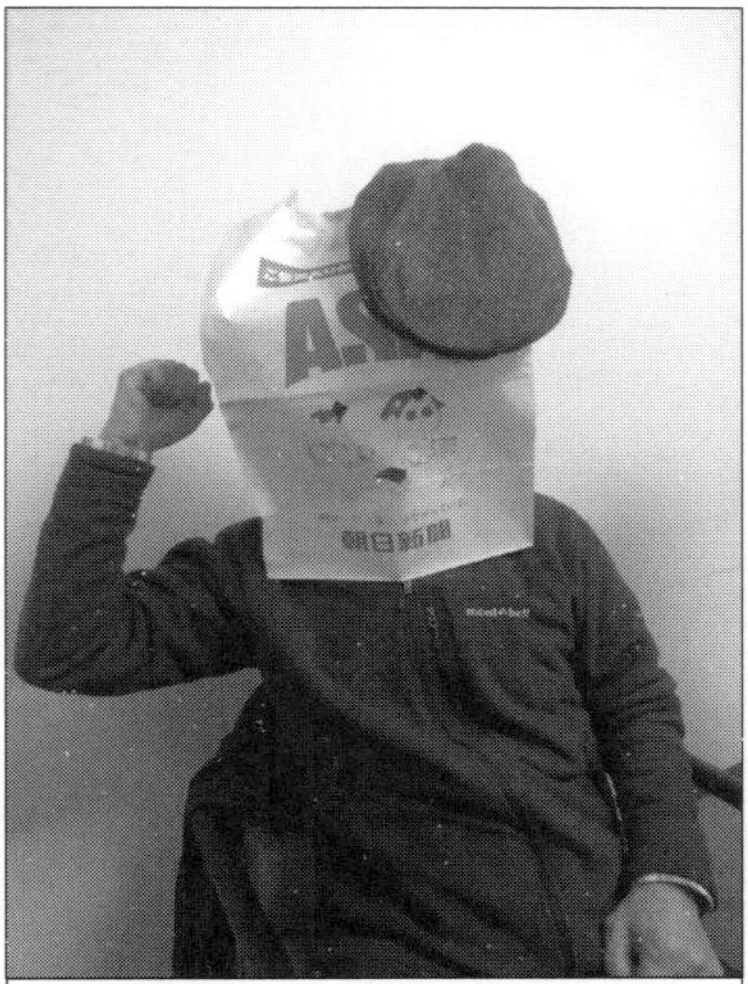

赤坂裕司さん
「吉田調書」記事取り消し事件は「朝日新聞の報道ページをたたみます」という宣言なんです

五木　さすが、ひねくれ保守の見解だけあって、いいとこ突いています。朝日新聞の「吉田調書」報道取り消し事件は、結局のところジャーナリズム全体に重大な問題を投げかけているんだと思うな。

赤坂　しかし、どうして朝日が報道した後もずっと入手できなかった「吉田調書」が、産経や読売にまで立て続けに載ったのか。そこが、不思議だよね。

辺見　ちょっと陰謀チックじゃありませんか。

五木　それ、感じるね。朝日の原発事故をめぐる調査報道が読者から支持されて、その流れで「吉田調書」のスクープが出たと思ったら、突然の取り消しでしょ。立て続けに産経や読売への「吉田調書」掲載ですからね。どうも、怪しい。

小野　俺は記事取り消しで、こんなにも朝日の幹部は馬鹿なのかと思った。エッジを効かさないと調査報道なんて言えないわけで、それが「吉田調書」のスクープでしょ。朝日はなにが調査報道か分かってないんだよ。ウォーターゲート事件だって当事者から「はい、その通りです」なんて証言は得られてないよ。『文藝春秋』の田中角栄の金脈報道だってそう。たくさんの傍証を重ねていって権力犯罪に迫っていった。

五木祐一郎さん
朝日の幹部は、事実関係に何の誤りもないスクープ記事を、あたかも誤報のごとく仕立て上げ、そして、取り消したんだ。

朝日はそういう地道な調査報道をやったことがないんじゃないのか。田中金脈報道が出たとき、新聞記者は「俺は知っていた」と言ってたよね。じゃあ、なんで書かなかったの。俺たち雑誌記者は、傍証を重ねて真実に迫っていったんだ。最近の新聞記者は輪を掛けてやる気がないと言われているけど、それは朝日の幹部らが、記者たちが腹をくくる機会をますます奪っているからなんだ。

そのいい例が「吉田調書」報道の取り消しじゃないの。現場の記者がまともな調査報道をしようとしているのに、後ろから上司が鉄砲で撃っちゃったってことでしょ。そんなことやられたら、ジャーナリストはたまったもんじゃない。

辺見　正直、当初はなぜ朝日の幹部が「吉田調書」報道を取り消したのか、意味がわからなかったんです。朝日幹部の対応を批判する本（七つ森書館『いいがかり』、彩流社『原発「吉田調書」報道は誤報ではない』など）も読んで、初めて何が起こっているかがわかってきました。私は何度も勉強会を開いてこの問題を議論してきましたが、専門的な知識も必要で、読者に記事を読み取るリテラシーが不足しているんじゃないかと痛感しました。

赤坂　私は当時噴出していた慰安婦報道問題や池上彰コラム不掲載問題への批判をかわすために、「吉田調書」報道を取り消したんじゃないかと考えているんです。

辺見　繰り返しになるけど、不思議だったのは、なんで「吉田調書」のスクープが5月に出て、その約3ヶ月後の8月になって産経や読売が突然、それもほぼ同時に報道できたのか。「吉田調書」をどうやって手に入れたのか。結構わからないことがあります。また、この問題を入り口にしてメディアがメディアを叩くといった流れも出てきていますが、そのことが結果として現政権にとってプラスに働いています。

赤坂　朝日新聞潰しを仕掛けられたんだと思います。朝日は、「プロメテウスの罠」から原発問題への厳しい姿勢をとり続けていましたよね。朝日の幹部もその姿勢を一時は賞賛し、朝日報道のウリにしていた。だって、「プロメテウスの罠」には社賞も出したって聞いてますよ。

村本　そうそう。その社賞を贈ったのは「吉田調書」の記事を取り消した木村伊量社長だそうです。なんとも皮肉ですよね。そもそも「吉田調書」の記事は、作業員のほとんどが現場から撤退せざるを得ない状況が発生する原発問題の恐ろしさを指摘したところが重要なポイントでしょ。

だってこの指摘は、原発が再稼働するにあたって避けて通れないし決して解消されていない問題なんですから。最後に誰が責任を持って原発を停止させるのかを議論しだしたら、結局は再稼働なんてできなくなる。だから原発を再稼働させたい人たちは、大変困ったんじゃないかしら。

知り合いの朝日記者は「池上コラムを不掲載した経営の、編集への介入問題批判が収まらないため、この批判をかわすために、『吉田調書』報道を誤報扱いにして乗り切ろうとしていた」と言ってましたが、皆さんどう思いますか？　経営幹部の責任を回避してもいいという政治権力とのバーター的な取り引きが、「吉田調書」記事取り消しの裏にあったと私は見ているんです。

辺見　私は、木村伊量社長の保身もあったと思うわ。９月11日の記者会見で、不掲載を指示したことはないと否定したでしょ。でも、その後第三者委員会で認定されちゃった。会見ではウソを言っていたのね。

五木　記事の取り消しにどんな力がはたらいていたのか。私たち読者の会が質問を出したのは、まさにそのことを知りたいからでもある。それが真実なら、日本のジャーナリズムにとって極めて重大な問題ですからね。

なぜ続報はでなかったのか

村木　「吉田調書」のスクープがあったのが、２０１４年の５月20日でした。その後、続報が出なかったわね。どうしてですか？

五木　そうそう。大きな塊がスクープとして提示された。ここから何かが始まりそうな雰囲気だった。ところが、批判が保守系サイドから出てきたのに反論・続報を一切しないまま、約４ヶ月後にいきなりの取り消し。ハシゴがはずされちゃった。

村木　それも、産経や読売の攻勢が強まった後に、いきなりの取り消しですよ。どうも、解せません。

葛西　「吉田調書」を出さない出さないって言っていた菅

官房長官が、いきなり公表すると言ったしね。

赤坂　続報が出なかった問題は、例えば『週刊現代』（２０１４年10月25日号）でも報道されています。知り合いの朝日記者は「３回、続報を載せる計画があったが、そのたびに編集幹部が中止を指示してきた。最後は９月４日に延期になったが、その直前に池上コラム不掲載問題が発覚して潮目が変わり、取材班が次々に外された。全ては池上問題です」と言っていました。

これが本当なら、大変な事態だ。朝日新聞社の社員ならこの辺の事情は知っているはずだから、今度、もし現役社員を交えた座談会が実現できたら、ぜひ聞いてみたいね。

五木　あっ、それ、ビジネス部門の社員も言ってましたよ。彼は「でも、会社を守るためにはしょうがないんです」って考えるんだって。だから私はその社員に「何を守るの？」って聞き返したんです。そしたら、黙っちゃった。でも、それっておかしくない？　だって朝日新聞社に勤めた以上、いくらいろんな部門があっても報道機関で働いていることに変わりはないでしょ？　どうして口をつぐんでしまうんだろう。

小野　そもそも、吉田所長は亡くなっている。だから真実は誰にもしゃべれない。ところが、「吉田調書」はオフィシャルな事情聴取だ。取材で記者らにしゃべったのとは質とレベルが違う。重みがある。オフィシャルな発言だという点でとても重要なんだよ。確認するなら吉田所長に聞かないといけないんだが、それができない状況のなかで、記者は一次資料を駆使して「吉田調書」の裏取りをしている。そうした調査に基づいてスクープ報道は書かれていますよね。

辺見　ところが最近、朝日の記者さんから、渡辺社長が「『吉田調書』の記事は裏を取ってない」としきりに社員向けの会議や集会で話されていると聞いたんですね。

小野　渡辺社長は裏取りの意味がわかってないんだね。警察担当が長かったから、警察幹部に当たって話を聞くこと、つまり当局に取材することが裏取りだと思ってる。でもそれは、今では時代遅れの取材手法だよ。

当局取材によってマスコミが権力に誘導された松本サリン事件といった冤罪事件を全く教訓にしていないね。河野義行さんを犯罪視した記事を載せているのに、朝日はそれらの記事は取り消したの？

渡辺社長の考えに沿うなら、東電関係者が「うん」と認めた証言を取材で取らなければ裏取りにならないことになる。

現場の作業員は東電関係者だよ。彼らが「はい、記事の通りです」なんて言うわけないでしょ。そもそも、渡辺社長はどうやって東電関係者の証言が正しいかどうかの裏を取れって言うんだろうね。東電の言うことは裏を取らないんだね（笑）。震災5年目の特集記事に東電のインタビュー記事を連日載せていたのには驚いたよ。しかも記事に「吉田調書」の文字を使ってないんだぜ。東電の広報新聞にでもなればいいんじゃない、朝日は。そうすれば批判もされないし（笑）。東電って、福島第一原発事故を起こした加害企業なんだけどなあ。

赤坂　私も聞いてますよ。「吉田調書」報道取り消し事件は「朝日新聞の報道をたたみます」という宣言なんですよ。朝日攻撃をしてきた連中は笑いが止まらないと思うよ。

小野　だから、朝日新聞にウォーターゲート事件や田中金脈問題のスクープの取材手法を思い出せって言ってるんだよ、俺は。当事者の東電関係者が「うん」と言うのが裏取りだなんて、聞いたことがないよ。現場にいた作業員や東電社員の証言が正しいかどうか、裏はとらなくていいんだろうか。

記憶違いや意図的な捻じ曲げもあるでしょ。しかも、いちばんの当事者である吉田所長は亡くなってんだから。だから、客観性の強い資料で裏をとるしかないんだよ。犯人が、ジャーナリストの質問に「うん」って言うんなら、調査なんて必要ないし、それこそ警察なんていらねえだろう。渡辺社長は、警察当局が「うん」というのが裏取りだと思ってんだろうけれど、同じジャーナリストとして情けないよ。

葛西　この問題は、読者から「記事を取り消せ」って声が出て取り消したわけじゃないでしょ。なぜか突然、朝日の幹部が記者会見を開いて「読者に誤った印象を与えた」っていういい加減な理由で取り消してしまった。ものすごく唐突感があったよね。その記者会見の翌日の紙面をよく見ると「誤報」という文字がないんだ。知ってた？　ものすごい大量の情報で目くらましにあっているけど、本当のところは何で取り消されたのか、よくわからないんだよ。

五木　そうそう、「誤報」という文字がないんだよ！　そもそも批判に対する続報が出なかったのは奇異だよ。スクープに誤りがあって指摘されたっていうのならわかるよ。それでも新聞記事そのものを取り消すことはない。間違っていたなら、訂正記事を出すべきでしょ。過ちかどうかは論争すればいいだけの話だよ。事実関係をなにも明らかにしないまま取り消すなんて、大バカじゃないの。メディアとしての社会的責任をまるで放棄したってことでしょ。

読者に対して、どんな責任を取るのかこっちが聞きたいね。

☀「吉田調書」で会見が――「えっ、なんで？」

小野　そもそも、俺にとって取り消された「吉田調書」の記事は、何の違和感もないんだ。記事には「逃げた」とは書いてないのに、批判する人間は「朝日は逃げたと書いた」と怒っている。だけど、一言も書いてないいんだよね。まさにナチス式の印象刷り込み作戦だね。

俺は決してひっかからないけどね（笑）。だけどね、俺はGM（グループマネージャー）はどうしたんだって聞きたいね。吉田所長は調書のなかでGMにはすぐに戻ってくるよう指示したと言ってるんだから。これ、問題だよ。現場責任者が、所長の知らないうちに現場を離れてしまったってことなんでしょ。少なくとも東電はきちんと説明すべきだよ。

村本　前日の3月14日の夜には本店で撤退が議論されていたんでしょ。撤退のためにバスを用意していたわけですから。それに、翌日になっても、約8割の所員が戻っていないことが、テレビ会議に記録されているんでしょ。これを撤退と言わないのなら、なんて言うの。

赤坂　そうそう。「撤退」だろうと「退避」だろうと、現場から大量の作業員がいなくなったのは事実でしょ。撤退ではなく、退避だから記事はおかしいなんていう、本質をはぐらかした批判ばかりしか聞こえてこない。なんで言葉のあやでやりあうのか。まるで言葉遊びみたいな次元ですよ。

辺見　自衛隊や消防は撤退している。それは、撤退せざるを得ない状況がそこにあったってことでしょ。内容的には撤退でも退避でも一緒です。社員もいられなくなった。それを表現の問題にすり替えて記事を取り消すなんて、本末転倒ですよね。命令違反だってそう。吉田所長は現場に残れと命じた。これに反して福島第二原発に行った。これって、命令違反じゃないの？

葛西　広報畑の経験者という立場から言わせていただくと、これは完全に命令違反です。「伝わらなかったから、聞いてなかったから違反じゃない」なんて言っていたら、会社はどうなるの？　朝日新聞じゃ、これからは社長や上司の命令なんて聞かなくてもいいんじゃない？

だって、社員が「聞いてませんでした」「伝わってませんって言えばいいんだから。伝わろうが、聞いてなかろうが、社長や上司の出した命令は命令。それに反したら、それは、命令違反です。どうしてこんな常識的なことが歪曲して伝わるんだろうね。

赤坂　私も朝日にいるときにずいぶんと理不尽な指示や命令を受けたけど、「聞いてない」「伝わってない」って言っときゃあよかったよ（笑）。

村本　私は、一方通行の道路に入って切符を切られそうになったら言ってやるわ。「ここが一方通行だなんて、聞いてない！」って。きちんと国民に「伝えてない」警察が悪いってことよね（笑）。

小野　ナチスの宣伝相だったゲッペルスが「嘘も百回繰り返せば真実になる」って言ってたけど、本当かもしれない。怖いよね。たぶん、作業員の名誉だとか、吉田所長は頑張ったといった冷静さを欠いた感情的な言説に、朝日の幹部が何の反論もできなかったことが大きいね。何の反論もしないから、感情的な言説がまるで真実だったかのように定着してしまった。議論をさせない状況を朝日の幹部が作り出したと言っていい。この責任は重いよ。論証を重ねる場を作らずに、一方的にいきなり取り消してしまった。これがいちばんの問題なんだよ。

五木　慰安婦問題、池上コラム不掲載問題と続いたので、「吉田調書」報道を取り消したことが意外と世の中にスムーズに受け止められていく環境ができてしまっていた。朝日の幹部は、そうした流れに乗ったんだね。事実関係に何の誤りもないスクープ記事を、あたかも誤報のごとく仕立て上げ、そして、取り消したんだ。

赤坂　慰安婦問題、池上コラム不掲載問題で、経営陣はどうしたら後始末できるかを考えていたんだろうね。もう逃げられないし、何らかの責任を取らなければならない状況だったことは間違いない。ところが「吉田調書」報道の取り消し事件は違っていて、経営陣の責任問題に結びつくことはなかった。

葛西　私は9・11当日の記者会見は見ていないんです。ユーチューブで会見やったっていうから、何の会見かなと思って見たんです。慰安婦検証紙面問題や池上コラム不掲載問題かなと思っていたら、「吉田調書」での会見だった。「え、なんで?」というのが正直な受け止めでした。社長は「吉田調書」の話題になると自信を持って話していたけど、池上コラム不掲載問題になると歯切れが悪くなった。どう見ても池上コラム問題の方がきつそうだった。「吉田調書」問題を大きくフレームアップして、池上コラム不掲載問題は付随的な問題にしたという印象でした。

小野　俺の考えは読売や産経に近いけど、皆さん、まんまと朝日幹部の演出に乗せられているという印象だった。煙《けむ》に巻かれたというかね。朝日幹部からすれば「してやったり」だったと思うよ。でもね、俺みたいな朝日の読者もいるんだから、「読者をバカにすんな！」だな。ふつうの感覚さえ持っていれば、記事を取り消すなんて何かおかしいぞって感じるはずだよ。

辺見　読売・産経路線の小野さんが「吉田調書」の記事取り消しには怒っているわけです。ちょっと可笑しいけれど（笑）。その辺りに日本のジャーナリズムの危機が潜んでいることを、朝日の幹部は気付くべきですよ。

小野　そりゃあ、怒ってるよ。朝日と考え方は違っても、俺はジャーナリストだよ。事実関係に誤りがない記事を取り消しちゃうなんて、じゃあ新聞ってなんなの、ってことよ。俺の仕事の全否定になるからね。他社の記者はどうして怒んないのか、わかんない。みんなお利口さんなのかね。

☀いろんな記者がいるから朝日新聞なんだ

村本　ところで、朝日新聞労組はどうしちゃってるの？

赤坂　何もしてないと聞いてます。

五木　知り合いのビジネス部門の社員は「労組の中には今回の記事取り消しをおかしいと考えている役員もいた。でも労組の役員は編集部門だけではなくて広告や販売部門もいるので、中には『労組がやるべき問題じゃない』と公然と口にする人がいた」と言ってたよ。

小野　ようするに労組が御用化してるってことでしょ。わかりやすいなあ。どうせ銭金のことだけしかやんないんでしょ。「今時の労組」だね。

赤坂　朝日労組は新研（新聞研究委員会）という組織が別にあって、編集出身のリベラルな人間が委員長になるんですが、労組がまとまらないと動きようもないでしょうね。この前、ＯＢ会があったんですが、正直、今の朝日に危機感を持っているのは、現役よりＯＢ・ＯＧのほうですね。

葛西　友人に日経新聞から朝日新聞に移った記者がいましたが、朝日は日経よりももっとうんざりだったと言って、結局やめてしまいましたね。朝日は昔から独特なエリート臭がある。「入社した新入社員が東大ゼロになった」なんて馬鹿馬鹿しいことが記事になる新聞社なんて他にないでしょ？

小野　自分の経験でいうと、ある問題に取り組んでいたとき、発表の1日前に勝手に朝日の記者が他社に先駆けて約束を破って一面スクープだよ。抜け駆けだよね。信頼して全部説明していたのに……。当事者は朝日の記者に泣いて抗議したけど、返ってきた返事が「報道の自由をなんだと思っている」だった。逆に恫喝されていた。今もその恫喝した記者はリベラルを武器に記者をやってるけどね。

五木　エリート臭ぷんぷんもいるけど、そうじゃない記者もいますよ。僕の体験でいうと、朝日は確かに嫌な奴も多かったけど、すごくいい記者もいた。有り体にいうと、いろんな記者がいたから朝日新聞は面白かった。そんな多様で複雑なところが他社と比べても優れていたんだと思います。よくも悪くも自分の考え方を鮮明にして社会的な出来事と対峙していたのが朝日の記者魂なのに、それがなくなってきたんじゃないのかな。

小野　新聞各社は「社会の木鐸《ぼくたく》」「無冠の帝王」ということを新人記者研修で説明しないといけないね。もともとジャーナリストなんて車夫馬丁の仕事だったと肝に銘じて俺はやってきたんだよ。だから、何らお上に慮る必要なんてなかった。そういう在野としての志がなくなったんじゃないの?

村本　赤坂さんは朝日新聞の社内報を読み返してみたそうですが、どう感じましたか。

赤坂　今、朝日に仕掛けられている動きを、政治権力からの攻撃として検証する姿勢は見られませんでした。常に「一連の問題」という言葉で片付けられている。私は再検証すべきだとの思いがあります。恐ろしく感じたのが、新入社員の女性記者が入社式で語った挨拶です(Ⅳ章を参照)。「強すぎる使命感が不偏不党に挑戦しているのではないか」と言っている。歴史的に不偏不党という言葉ががどうして朝日新聞に出てきたのかを全く勉強していないんでしょうね。

　OBとして恥ずかしい発言ですが、この新人はどんな気持ちで言っているのか。新人が最初から自己抑制的な考えで社会と向き合うのはどうかと思いました。こういう新人が新入社員を代表して挨拶している状況はいったいどういうことなのか、すごく困惑しました。今後、記者としてキャリアを積んでいき、新聞社の中核を担っていくのだとしたら、なんだか将来恐ろしい新聞社になるんじゃないか。不安どころか本当に怖くなりました。

小野　車夫馬丁どころか、今や新聞記者は良い子のサラリーマンになったんだね。出版社だってそうだよ。だいたいね、組織が後ろから支えてくれなくちゃスクープや調査報道なんてできやしません。何があっても後始末は任せろ!というくらいの信頼感で支えてくれないと、突撃取材なんてできっこない。

五木　知り合いの息子なんて、日経と朝日に受かったのに日経を選んだんだ。昔なら、考えられないよね。朝日の最終面接を受けて、がっかりしたんだって。面接官役の幹部がジャーナリズムのことを全然考えてないって感じたらしい。朝日新聞の記者になることが目標だったのに、「思っていた会社ではなかった」と日経を選んじゃった。

日経も日経で、「朝日を選んでもいいけれど、今の朝日はそこらへんのサラリーマンと仕事は一緒だよ」って言ったらしい（笑）。「経団連新聞」って揶揄される日経が、よく言うよと思ったけど。でもね、今の朝日は就活生から選ばれない新聞社になったのかもしれない。

赤坂　ＯＢとしては残念だけれど……。

小野　朝日の看板を脱いでも書ける、実力のある記者がいなくなったよね。昔はかなりのサムライがいたんだけど。朝日はすっかり裸の王様になっちゃった。こういう現状を朝日の幹部はきちんと認識しているんですかね。

葛西　疑問だね。現状を本当に真摯に受け止めているなら、どうして私たちの質問に答えないんだろう。だって、私たちが朝日の幹部に送ったのは、「わからないから教えてください」という問い合わせだよ。表向きは「読者からの疑問に真摯に答えます」と言っておきながら、実は何にも答えない。朝日の幹部の対応は読者に嘘をついていることになるのに、そのことに気づいていない。

この二枚舌とも言える対応ぶりが、今の朝日の幹部連中の実体だってことを、朝日の社員の皆さんにぜひわかってほしい。

権力を監視することが仕事だった

村本　さらに問題なのは、今回は「吉田調書」の記事を取り消しただけではなくて、記者さんを懲戒処分にしましたよね。驚いちゃいました。だって、朝日という会社が記者さんを守ってくれないということを社員さんや世間に示したってことでしょ。この記者さんを処分したことの持っている重大な意味を、会社の幹部はわかってないのよね。

もしかしたら、現場の記者さんもわかってないんじゃないかな。この前会った記者さんなんて「処分は思ったよりも軽かった」と平気で言うんだから。現場の記者さんがこんな受け止めで、本当に大丈夫なのか。これじゃあ、記者さんにスクープや調査報道をお願いしたって、無理ですよ。

小野　俺も週刊誌時代はよく政権を批判する記事を書いた

んだ。保守系の週刊誌なんだけどね（笑）。でも、俺なんかジャーナリストは政権を批判するのが当然だと思ってやってたよ。権力を監視するのが俺たちの仕事なんじゃないの。

それなのに、「強すぎる使命感が不偏不党に挑戦しているのではないか」って入社式で新入社員に挨拶させる朝日幹部の神経が、俺には信じられん。要するに記者クラブで、官僚からいただいた情報をそのまま伝える記者が山ほどいる今の状況が、俺からすればジャーナリズムじゃないんだ。それに疑問を感じない記者がいるってことが、不思議でしょうがない。

五木　記者クラブは君のような車夫馬丁をなだめるためにつくったもんじゃないの？　新聞協会は「公的機関などを継続的に取材するジャーナリストたちによって構成される『取材・報道のための自主的な組織』です」って言っている。どう思う、小野さん？

小野　記者クラブと名乗っているけれど、結局は当局に頼ってしまうわけ。俺は雑誌記者だったから、新聞記者によく馬鹿にされたもんよ。取材が済むと雑誌記者たちは公衆電話から社に連絡するんだ。ところが、記者クラブのやつらなんか、「各社！」と声がかかるとワァーって集まって紙切れ（ブリーフィング・ペーパー）をもらって、役所の黒電話（官費で設置）から連絡してやがる。そうやって優遇されているから、やつらの筆はやっぱり鈍っていくんだ。

どうして新聞は読まれなくなったのか

村本　気を取り直して話を進めるわ。この前、都内の大学で講演したときに、学生から出た質問に驚いちゃったの。「東電だけが悪者になっている」「東電は事故対策に頑張っているのにリスペクトがない」「電気料金が安すぎるのではないか」だって。びっくりしちゃったわ。

逐一、事実を丁寧に説明したけれど、真実を知らないのにネットやメディアで流れている情報をそのまま自分の意見にしているんですね。何が起こっているのかを伝えるのに、時間がかかっちゃった。今、情報の受け手である市民が、しつけはいいけれど飼いならされたお利口さんになっているような感じを受けます。真実を正確に伝えていくのは大変なことだと思いました。そんな時代だからこそ、新聞やテレビが頑張らなきゃいけない。

五木　でも、それは今のメディアが自分たちでつくりだした環境でもあるんだ。真実が何かを確かめるよりも、ムードに流された見方で納得してしまう人たちを蔓延させている。今の活字メディアは、今起こっている出来事の複雑さを重層的に伝えられなくなっているよね。

新聞記者は、分かりやすく簡単に短い言葉で単純に書くことばかり求められている。これはメディアにとって危機的で、大変深刻な事態なんだ。この状況を、朝日の社員はどう考えているのか。文字をあつかっている新聞だけではなくて、すべての記者さんたちは、当事者意識を持って考えてほしいね。

辺見 そもそも新聞が読まれなくなっているでしょ。特に若い世代は、まったく読まない。朝日は新聞が読まれなくなっている現状と、もっと真剣に向き合ってほしいのよ。

赤坂 でも、2016年の年明けに発行された社内報を読むと、渡辺社長はジャーナリズムよりも不動産業に舵を切ったかのように読める。ジャーナリズムではなく、総合メディア企業を目指すっていうんだから、どうしたらいいのか、ホント頭が混乱してますよ、OBとして。

小野 若者は、テレビやスマホから流れてくる短い報道に、何の疑問も持たないのかな。目の前のニュースの背後に、どんな陰謀や企みが潜んでいるか、考えないんだろうな。

五木 我が家の息子は出版社に勤務しているけれど、新聞とってません! それでも当面は生きていけるし、本の編集もできる。インターネットからたまたま得られたニュースの表層を見ているだけで、その先にある大きな問題や疑問にはアクセスしないんです。

小野 エルバ島から脱出したナポレオンをめぐるパリの新聞の話、知っている?

辺見 知りません。

小野 エルバ島を脱出したとき、パリの新聞はこぞってナポレオンを「匪賊《ひぞく》」と罵った。ところがマルセイユに上陸し、日一日とパリに近づくに連れ「英雄ナポレオン殿」になり、パリに入城したときはとうとう「われらが大皇帝陛下」になった。そのように、メディアは変質するんだよ。

だから変質しないように頑張るジャーナリストは尊敬される。ところが朝日は、今回それをやらなかった。何もしないで、突然、記事を取り消し、記者まで処分しちゃった。こんな変質ぶりを見せつけられたら、俺たちジャーナリストはどうすればいいんだ。

葛西 新聞を読まなくなったという現実は確かにあるし、出版だって同じだよ。どこも経済的に疲弊しているからね。売れない本は出さない。出版社も意見の多様性を担保できなくなってしまった。そんな現状で新聞が生き残るには、やっぱり特長がないとね。少なくとも私たちが抱いた疑問にきちんと答えられる新聞じゃないと、朝日を読む意味がない。もっと新聞離れは進んでいく。それを朝日の幹部たちはわかっていない。

辺見　私は、朝日新聞に、もっとはっきりと今の政治権力に対する見解を示してもらいたいんです。３・１１の福島原発事故のあと、朝日新聞は社説で「脱原発宣言」をしましたよね。私は、あの宣言こそが、報道機関としてのあるべき姿だと思っています。長く朝日を読んできた読者は、「脱原発宣言」のように旗幟を鮮明にして政治や社会と向き合ってくれる新聞を求めているんです。それが朝日らしさだし、朝日再生への確かな道だと思っています。「読者の会」のアプローチが、再生へのアプローチだとわかってほしいですね。

再生のカギは、調査報道の充実

――新聞は、どうすればもっと読まれるようになるのでしょうか。

小野　それは、何よりも調査報道だよ。これだけネットが発達しているなかで、発表記事なんていらない。調査報道を全面的に展開していけば、他のメディアとの差別化ができる。

赤坂　スタンスや切り口が重要なんだ。これをやらないなら、新聞として意味がない。読まなくても済んじゃう。ちょっとした小ネタならネットに載っている。今の朝日はそれと同じでもいいという紙面になっているんだ。

五木　それだけじゃあ、まだ不十分なんだよ。出版社勤務の息子に新聞読めとは言えないね。やっぱり調査報道を充実させなくちゃ。東電のホームページを見ていればいいみたいな記事なら、昔からの朝日読者はいらないって言うでしょ。でも、そのことが理解できていない。「吉田調書」の記事を取り消した本質は、その辺りにある。

驚いたけど、ビジネス部門からは「調査報道はカネにならない」という声が出ていると社員が言っていた。今の朝日の幹部連中と、同じように考えているようでは仕方がない。なんか、アッと驚くようなスクープ記事、あった？　私は記憶に残っていないね。「吉田調書」報道のようなスクープなんて腫れ物としか思わなくなったのかね。

赤坂　もし経営陣や編集幹部が「調査報道はカネにならない」と思っているのだとしたら、これは読者に対する背任行為だし、まっとうな朝日の社員への背任行為でもある。

新聞社は人が財産ですよ。それしか財産がないわけです。発表記事だけならアルバイトに書かせればいい。

葛西　朝日を本気で再生させたいのなら、我々の質問にどう答えるかを出発点にすればいいんです。

一同　大賛成。

葛西　朝日は今、読み手とどう向き合うのか問われているんです。質問がきたら答える、それが企業で広報をしてきた私の基本姿勢です。顧客からの質問には、企業を持続的に成長させていくためのヒントがたくさん詰まっている。

辺見　渡辺社長は、読者の声を聞こうといろんなところで車座集会をやっているんでしょ。

葛西　私たちも車座集会を求めているけど、全然返事がないね。何でだろう。

赤坂　そもそも社内でコンセンサスをとって記事を取り消したわけではないんですよ。取り消し決定の日に長典俊GM（当時はGE補佐）が「今日だけは何も言わないで協力してくれ」って発言したそうです。それを聞いた中堅記者は「なんじゃ、それ」って思ったって話してくれました。

村本　私のような親の代からの朝日購読者としては、疑問に思ったことを質問して回答をもらうのは読者へのアフターサービスだと思うわ。記事の内容は新聞社の専門領域なんですから、わからない内容があれば教えてくださいってことでしょ。

葛西　企業にとって顧客から情報をいただけるのは万々歳だよ。クレームや批判は企業にとって財産なんだ。問題箇所を点検して品質を高めていく大チャンスなんだけどなぁ。紙面では「読者の声を聞きたい」と言っているのに。私たちの質問が、答えにくい内容なのかな。ちょっと質問の量が多かったのは確かだけど（笑）。

村本　でも、けっこうな時間を与えたわ。

これでは「言いっ放し委員会」

小野　ひどいのが、PRC対応だよ。憲法学の長谷部恭男早稲田大学教授、元最高裁判事で宮川光治弁護士、元NHK副会長の今井義典立命館大学客員教授の3人。

五木　びっくりポンだ。朝日幹部への質問とは違って、PRCには事実認定に関わる質問をしているんだよ。もし間違っているのなら、訂正を出さなきゃいけない。なのに、全く答えない。驚きだね。間違っていようがいまいが後は知りませんという、あの無責任な態度。

今井委員なんて元NHKの副会長をやってんだから。しかも、立命館大学でジャーナリズム論を教えている。いったい何を学生に教えているんだろう。肩書きばかりりっぱなセンセイを集めてるけど、これじゃあ、ＰＲＣって「言いっ放し委員会」でしょ。ＰＲＣは明らかに逃げている。きちんと責任をとれと言いたい。事実関係の誤りをこちらは指摘してんだから。私たちの指摘が間違っているのなら、そう回答してほしいものだね。ぜひ議論をしたい。

村木　ＰＲＣ委員の報酬は、読者の購読料から出てるんじゃないの。だったらタックスペイヤーとして読者にきちんと答えなきゃいけないでしょ。読者は購読料を支払っているんです。拾った新聞を読んでいるわけじゃない。ＰＲＣへは事実誤認ではありませんか、と問い合わせているんだから、それに答える責任があります。

取り消しの根拠を与えているんですよ、ＰＲＣは。なしのつぶてでは、おかしいでしょ。私たちが間違っているなら反論してください。反論しないのは我々が正しいのか、答えたくはないのか。ＰＲＣの委員をお引き受けいただいた以上、きちんとした説明責任を果たすべきでしょうね。

赤坂　朝日の社内報に、ＰＲＣの審議に当たって津山昭英さんが事務局補佐になったという記事がありました。彼はすでに退職して、当時は顧問だった。

村本　そもそも、ＰＲＣの建前は第三者機関なのに、どうして申し立てをした朝日の関係者を事務局に入れるのかしら。ＰＲＣは朝日の決定を追認したと思われても仕方がないわね。いったい何を守ろうとしているのかしら。私も記事の取り消しを主導したのは、当時大阪本社の役員で、急遽、危機管理に就いた持田周三さんだったと、政治部の記者から聞いています。そもそも、取り消しの基準が全くわからないじゃない。

赤坂　少なくとも言えることは、「吉田調書」報道の取り消しは、組織防衛のためにおこなった危機管理上の対応だったということです。ジャーナリズムを守ろうとか、取材記者やデスクを守ろうなんて、会社幹部は考えてもいなかったんじゃないですか。

辺見　そうそう。それに、どういう場合に記事が取り消されるのか。もし、その基準があるならぜひ知りたいですよ。

五木　それは公開質問状でもたずねているんだ。盗用した「バラ戦争」の記事やインタビューをでっち上げた「任天堂社長インタビュー」の記事は取り消していないからね。これ、完全に盗用や捏造ですよ。なのに取り消していない。訂正とお詫びだよ。いったい取り消しの基準ってどうなってんの？　知り合いの朝日記者は、この盗用や捏造に関わった記者やデスクは「今も取材現場の一線に立ってます。さすがにこれはおかしいのではないかという疑問を持っている記者は多くいます」と言っていた。

小野　今までに朝日が記事を全部取り消しちゃったのは、「伊藤律架空会見」と「サンゴ事件」くらいだろ。会社の幹部の恣意的な運用で取り消しが差配されているとしたら、これはジャーナリズムの自殺行為だ。

五木　「吉田調書」の記事は取り消したけど、デジタル版には残っているんだ。同じこと書いているのに、どうして紙の方だけ取り消しなの？　デジタル版を見たけど、「撤退」という文字を赤線で消して「退避」に、訂正している。あまりにも低レベルの修正で、ここまでくると言葉遊びだよ。

読んでみたらいいけど、ホント、バカバカしい。こんなんでどうして紙面の方の記事は取り消しちゃうのかって思っちゃうよ。デジタル版の対応とあまりにも次元が異なる対応にますます混乱するばかりだよ。

赤坂　それだけじゃないよ。朝日には紙面に責任を持つ当番編集長っていう制度があるんだけど、ほら、一面の題字の下に名前が書いてあるじゃない、あれ。だけど、「吉田調書」の記事を掲載した日の当番編集長は、何の責任も取っていないんだよ。

辺見　どうしてそんなことがわかったんですか？

赤坂　だって、関係者が処分されたときに、当番編集長の名前や肩書きがなかったんだもの。当日の新聞紙面に最も責任を負うべき当番編集長が処分されていないんだよ。だから、変な話じゃないのって言いたいんだよ。このことも公開質問状で尋ねているけれど。

社員の皆さん、語り合おう！

――朝日は再生できるのでしょうか。

五木　きちんと読者の質問に答えること。まずは、そこをクリアしないとだめだ。私たちへの対応からみて、今の役員体制のもとでの再生は厳しいでしょうね。だって、紙面では「読者の質問に真摯に答える」と言っているのに、答えないんだから。言っていることとやっていることが全然違うじゃねえか。

葛西　根本的な問題が解決されない限り、また繰り返しますよ。朝日は本腰を入れて頑張らないと。新聞が読売と産経だけになってもいいの？

小野　勘弁してくれよ。俺は読売や産経は好きだけど、朝日がない読売や産経なんて、読んでて面白くもなんともないよ。朝日、頑張れ！

五木　朝日の社内で今回の取り消し事件のことを話し合ってほしいんですが、社内での議論がないようですね。自由にモノを言える雰囲気があるのか、どうなのか、心配だなぁ。もしも社員が何も考えていないようなら、朝日新聞の未来はもっと深刻になるね。さすがにそんなことはないと思いたいけれど……。

村本　私たちは朝日の幹部に質問状を出しているけど、ぜひ社員さんにも同じように質問したいわ。社員さんたちが今の朝日の現状をどのように考えているのか聞いてみたい。いろんな場面でもっと問いかけてみようと思っています。もしかしたら、朝日の記者さんよりも市民のほうがいろんなことを分かっていて、朝日に期待しているかもしれないわね。

葛西　朝日の幹部とＰＲＣは今後もずーっと私たちの質問に対して答えないつもりでしょうか。取り消し事件も、社員が何も認識していなければ再生へと進めない。社員にも質問を読んでもらって、ぜひ一緒に朝日再生への道を探っていきたいと思う。ぜひ質問状を朝日の社員に読んでほしい。「輪読会」を開いて車座になって一緒に読みたいと思っています。ぜひ知り合いの社員に声をかけていきたい。

小野　そうですな。朝日の行動基準には読者の質問に真摯に応じると書いてあるわけで、じゃあ記者はどうなんだと。会社じゃなくて記者に直に尋ねるのもいい。俺は、ぜひ聞きたい。次は朝日の現役社員と一緒に覆面座談会をやろう。朝日再生の出発点は、社員一人ひとりの決意から始まるんだ。社員全員が当事者意識を持って考えてもらいたい。社員のみなさん、ぜひ覆面かぶって私たちと語りあおう！

五木　そもそも新聞って、もっと身近な存在だったんだけどなぁ。私たちの暮らしから、どんどん遠のいているよね。我が家では、新聞は読み終えた後も母親が掃除のときに埃を立てないよう濡らした切れ端を蒔いていた。タンスの中敷きにも使っていたし、兜を折ったりもしたでしょ。

新聞はとても便利で何かと暮らしをサポートしてくれた。読者と新聞は、とても仲良しだったんだよ。僕はね、私たちの暮らしと新聞との親和性を高めていく使い方や作り方を、新聞社はもっともっと考えるべきだと思っている。新聞が喪失してしまった豊かな生活文化的な側面も再生させたいんだな。

小野　そんな使い方もあったよな。確かに新聞はもっと身近な存在だった。でもね、何よりも新聞の使命は、権力の監視役でなければならないってことだ。それができなければ存在意義がない。立ち位置を捨てちゃう朝日なら、いらねえな。情報だけなら、東京や産経だけで十分。そうならないためにも、記者魂を発揮して、ぜひぜひ調査報道を頑張ってほしい。

葛西　私は10年以上ＣＳＲのコンサルタントの仕事もしてきたけれど、今の朝日幹部の対応は企業経営としても最低になっている。もっと読者の意見を取り入れてほしい。クレームや批判は企業の財産なんです。質問に答えないのは読者を見下しているのと同義です。顧客からの声にどう応えるかで企業の評価が決まる時代だということをもっと認識するべきです。

赤坂　今回、私たちが動いてみて分かったことは、朝日幹部の対応があまりにもお粗末だということでした。怒りを感じています。質問にきちんと答えることを抜きにして朝日の再生はない。いろんな外圧に苦しめられているでしょうが、２０１６年は朝日の社内で議論を高めてもらいたいと思っています。

葛西　ＣＳＲをさらにＣＳＶへと進化させていく時代なんです。企業と消費者が社会的な価値を分け合っていく時代なんです。読者と新聞社がお互いに価値を共有していく新しい流れを朝日新聞社はどのように作っていくのか。新しい時代に見合った新聞社のあり方を模索していくチャンスなんです。読者と共に価値を創造していく新時代の新聞社として、ぜひ、朝日を再生してもらいたいですね。

――朝日の社員とぜひ話し合いましょう。

一同　賛成。社員のみなさん、ぜひ一緒に語り合い、朝日再生への道を読者目線で一緒に考えていきましょう。

朝日新聞社の社員のみなさまへ！

私たちは、権力を監視するメディアとしての朝日新聞社の再生を心から願っています。この座談会をお読みいただき、私たちと一緒に朝日新聞が真のジャーナリズムに立脚したメディアとして立ち直るために、話し合いたいという方は、ぜひ奥付にある〈原発「吉田調書」報道を考える読者の会〉までご連絡先ください。お待ちしています。

〈参考〉

原発「吉田調書」報道を考える読者の会
https://sites.google.com/site/yoshidachoushokangaeru
https://www.facebook.com/yoshida.chousho.kangaeru

海渡雄一・河合弘之ほか『朝日新聞「吉田調書報道」は誤報ではない――隠された原発情報との闘い』彩流社
http://www.sairyusha.co.jp/bd/isbn978-4-7791-2096-1.html

鎌田慧・花田達郎・森まゆみ編集代表『いいがかり――原発「吉田調書」記事取り消し事件と朝日新聞の迷走』七つ森書館
http://www.pen.co.jp/book/b212703.html

朝日新聞社
http://www.asahi.com/shimbun

朝日新聞綱領
http://www.asahi.com/shimbun/company/platform

朝日新聞社「吉田調書」報道 報道と人権委員会（ＰＲＣ）
http://www.asahi.com/shimbun/3rd/ＰＲＣ.html

朝日デジタル「吉田調書」福島原発事故、吉田昌郎所長が語ったもの
http://www.asahi.com/special/yoshida_report

朝日新聞・木村社長緊急会見「吉田調書と慰安婦報道」
https://www.youtube.com/watch?v=lJBH0GcoHS8

Ⅲ．原発「吉田調書」報道の取り消しの問題点Q＆A

「吉田調書」報道は誤報ではない！
批判の構図は「決め付け」「繰り返し」による「印象操作」

朝日新聞がスクープで報じた「原発『吉田調書』報道」の取り消し事件をめぐって、さまざまなご意見や疑問の声が「原発『吉田調書』報道を考える読者の会」（以下、読者の会）に寄せられています。

福島第一原子力発電所の事故情報は、果たして私たち市民にどれほど開示され知らされているのでしょうか。「原発『吉田調書』報道」によって「吉田調書」の存在は明らかになりましたが、原発事故の現場で起こっていた出来事について、十分に公表させているとはいえないでしょう。

本欄では、「吉田調書」が公表されたことで明らかになった事実や、朝日新聞社が取り消した原発「吉田調書」報道に関する論点や疑問点を、「Q＆A」方式で整理しました。

Q　**「吉田調書」とは何ですか？**

A　東日本大震災発生時の福島第一原子力発電所（以下、福島第一原発）所長、吉田昌郎氏（2013年7月死去）が政府の「東京電力福島原子力発電所における事故調査・検証委員会」（以下、政府事故調）の調べに対して答えた聴取結果書の通称です。

政府は「吉田調書」の存在を明らかにしていませんでしたが、朝日新聞が入手し報道したことで、その存在が明らかになりました。「吉田調書」は全7編で構成され、聴取日は2011年の7月22日、同29日、8月8日、同9日、10月13日、11月6日で、聴取時間は28時間に上ります。「吉田調書」によって様々な新事実が明らかになっています。取り消しされた朝日新聞の記事は、暴走する原発をいったい誰が責任を持って止めるのか、という極めて重要な論点を提示しました。

朝日新聞の「吉田調書」スクープを切っ掛けにして、政府事故調が聴取した772人の調書のうち200人分以上が、政府によって公開されました。この調書は、私たち市民が福島第一原発事故を直接検証できる貴重な資料であり、全員分を公開すべきです。

Q 朝日新聞が一面で報じた「所長命令に違反原発撤退」は、事実でしょうか？

A

はい、事実です。吉田昌郎所長は2011年3月15日午前6時42分、福島第二原発に撤退するのではなく、福島第一原発構内の放射線量の低い所にとどまるよう命じました。福島第二原発への撤退から待機へと命令が変更されたのです。原子炉の状態を再度、確認するためです。

東電本店と吉田所長とのやりとりはテレビ会議で行われ、新潟県の柏崎刈羽原発ともテレビ会議で結ばれていたため、柏崎刈羽原発の所員が吉田所長の待機命令を記録していました。吉田所長の証言を裏付ける資料の一つです。

Q 福島第一原発にいた所員たちは、どこに、なぜ「撤退」したのですか？

A およそ9割の所員が、福島第二原発に撤退してしまいました。福島第一原発2号機の格納容器が破壊される恐れがあったため、10キロほど離れた福島第二原発に撤退することが、前夜からの計画通りに実行に移されました。福島第二原発に、福島第一原発用の司令室（緊急時対策室）まで用意していたことがテレビ会議のやりとりでわかっています。撤退した所員の中には、GM（グループマネージャー）という現場の責任者もいました。

Q 福島第一原発の構内に、放射線量の低い場所はなかったのですか？

A ありました。免震重要棟はその一つですが、吉田所長が待機命令を出した時間帯にはすでに所員が免震重要棟から外に出ていて、中にはいませんでした。

そのとき、免震重要棟の周囲は毎時5ミリシーベルトでした。ところが正門付近の線量は、毎時500マイクロシーベルト程度だったのです。「ミリ」は「マイクロ」の1000倍ですから、免震重要棟の周辺よりも低い放射線量の場所は、構内のあちこちにあったと思われます。

Q なぜ、放射線量の低い免震重要棟の中に止まらなかったのですか？

A 吉田所長が命令を発した時点で所員たちは原子炉が破壊されたと危惧し、すでに福島第二原発に移動しようと免震重要棟の外に出るか、バスに乗り込んでいました。吉田所長は免震重要棟から所員たちを外に出そうとしたのではなく、外にいた所員たちに対して命じました。それは、吉田所長が原子炉は破壊されたのではなく、計器が壊れているのではないかという情報を東電本店から得ていたからでした。そこで、福島第二原発に行こうとしていた所員たちに待機を命じたのでした。

Q　吉田所長は、撤退を「結果としてよかった」と追認していますが……。

A　本音は、どうなのでしょうか？　福島第二原発に所員が行ったことを知った吉田所長は、GMに戻って来るように言っています。後に聴取を受けた際、当時を振り返って「結果としてよかった」と追認するなら、GMに福島第一原発への帰還を命じる必要もないのですが……。

しかし忘れてはならないのは、作業員が撤退している間に高濃度の放射性物質が漏れ出したことです。午前9時には最高値・毎時1万1930μSVを記録しています。高濃度の放射能漏えいは、その後も続きました。これが福島を汚染地帯にした主な原因です。

吉田所長の命令通り福島第一原発に一時待機していれば、なんらかの対処が可能だったかもしれないのです。

Q　吉田所長の命令が妥当でも、「伝言ゲーム」となって所員に伝わっていなければ「違反」とまでは言えないのでは？

A

そうでしょうか？　明らかに命令違反です。伝わらなければ命令違反でないのなら、これからは上司の言うことを聞く必要はありません。上司から咎められたら「あなたの命令は伝わらなかった」と答えれば済むことになります。交通違反も同様で、一方通行の取り締まりなら「ここが一方通行だなんて聞いてなかった」と警察官に弁明すれば逃れられます。

命令とは、聞いていようが聞いていまいが異なった行動を取れば違反です。

しかも当時は「東日本壊滅」の危機の最中です。まるで戦争のような過酷な状況下で命令が伝わっていないとしたら、そのこと自体が問題です。

吉田所長が命令を発したことは、周囲にいたGMクラスを含め、テレビ会議を通じて本店や柏崎刈羽原発側などがリアルタイムで聞いていました。

Q

原発事故の収束作業をしていた作業員を非難するのは、かわいそうではないですか？

A

前日の3月14日の夜から危機的な状況になると、所員たちはバスを用意して福島第二原発への撤退を準備していたのです。それならば、なぜ吉田所長や東電は福島をはじめ危機に晒されている現地の住民に「早く遠くへ退避してください」と呼びかけなかったのでしょうか。記事は作業員の非難を目的にしているわけではありませんが、原発事故によって、いったい誰が被害者になったのかを考える必要があるのではないでしょうか。

Q　福島第二原発に行ったほとんどの作業員は、その日の昼頃に元の職場に戻ったといわれています。「撤退」ではなく「退避」ではないですか？

A　そのような事実はありません。正確に言うなら、撤退した作業員の8割以上が撤退した翌日の16日になっても現場に戻りませんでした。そのことは、東電のテレビ会議映像記録として残っています。

「（福島第一原発にいるのは）181人。内協力企業が4人です。これ、今朝1時半現在です。なお、詳細確認中でございます。社員が177、協力企業が4人。総勢181人ですが、再度チェックしてるところでございます」（3月16日午前8時過ぎのテレビ会議での報告、『朝日新聞「吉田調書報道」は誤報ではない 隠された原発情報との闘い』から引用）

撤退しなかった人が59人いたと言われています。福島第一原発にいた181人からこの59人を引いた人数を撤退した総数の650人で割ると、戻った作業員の割合が出ます。約18.8％です。つまり、80％以上の作業員が戻っていません。

これは「退避」ではなく「撤退」です。

Q　朝日新聞の記事には、「作業員が逃げた」と書いてあるのですか？

A　記事には、一切「逃げた」とは書いてありません。「撤退」と「逃げた」は違います。「撤退」とは命令を故意に無視して福島第二原発に行った場合も、知らずに行った場合にも当てはまりますが、「逃げた」は故意に逃走した場合にのみ使う言葉です。

記事に書かれていない「逃げた」という言葉を持ち出して朝日新聞の記事を批判するケースが目立ちます。印象操作で批判するやり方は、とても危険です。

Q 吉田所長のおかげで日本は救われたと言われていますが、本当ですか？

A

どうでしょうか。吉田所長が頑張ったことは、誰も否定できないでしょう。東電の現場責任者として仕事をしていた人ですから、頑張るのは当たり前だったのではないでしょうか。

しかし、人の住めない汚染地帯を発生させ、10万人を超える避難者を生み出した原発事故の責任者の一人でもある吉田所長に、日本は「救われた」のでしょうか。

吉田所長が、非常用復水器（IC）の構造を理解していなかったことや、事故時の対応をまとめた手順書を逸脱する行為を繰り返していたことが「吉田調書」から判明しています。原子炉等規制法違反の可能性が研究者から指摘され始めています。また必要のないときにベント操作を繰り返していたことも「吉田調書」の分析で判明しています。それらの不適切な対応を繰り返した結果として、特に福島第一原発の2号機や3号機のメルトダウンを発生させてしまった可能性も指摘されています。他にも、「吉田調書」によって3・11以前の津波対策を先送りしたのが吉田所長だったことも明らかになっています。

それでも、吉田所長に責任はないのでしょうか。

本当に、吉田所長は日本を救ったのでしょうか。

Q 朝日新聞社は「誤報」だとして記事を取り消したのですか？

A そうではありません。記事を取り消した会見の翌日（2014年9月12日）、朝刊のどこにも「誤報」という文字はありませんでした。「記事が読者に誤った印象を与えた」というのが「取り消し」の主旨で、事実関係の誤りには踏み込んでいませんでした。記事は、「誤報」だから取り消したのではないのです。読者の会では「記事のどこが事実と違うのかを明確に示してほしい」と質問しています。また、「記事の何が読者に誤った印象を与えた」のかも質問しています。残念なことですが、いまだに明確な返答をいただいておりません。

Q 取り消された記事は、今からでも読めるのでしょうか？

A 新聞に掲載された記事と同じ記事は、縮刷版でしか読めません。ですが、取り消された記事と同じ内容を詳しく記述したデジタル版の記事は読むことができます。朝日新聞デジタルにアクセスしてください。デジタル版には、当時アップされ記事が取り消されずにそのまま載っています（6ページ参照）。デジタル版のほうは簡単な字句の修正だけで片付けています。新聞の紙面もデジタル版も同じことが書かれているのですが、なぜか新聞の紙面は取り消されてしまいました。

Q **記事は、裏（事実確認）を取ってないと言われていますが、本当ですか？**

A 裏は取れています。朝日新聞の記事は、「吉田調書」のほかに、東電テレビ会議の映像記録や当日の東電本店の記者会見、吉田所長名で原子力・安全保安院に送ったファクス、テレビ会議を通じた現場でのやりとりを記録していた柏崎刈羽原発側のメモなど、一次資料から裏を取っています。「吉田調書」の当事者である吉田所長が死亡している現状で、客観的な一次資料から裏をとるのは、新聞記事にとって基本的な所作です。

朝日新聞記者によると、最近、朝日新聞社の渡辺雅隆社長が「吉田調書」報道について「裏取りをしてない」と社内外で発言しているそうですが、それは事実とは異なります。

Q **これから朝日新聞は、どうなっていくのでしょうか？**

A 朝日新聞社の新方針によると、今後は「総合メディア企業」として企業経営を進めていくことを宣言しています。

読者の会では、朝日新聞社がジャーナリズムの看板を外してしまうのではないかと心配しています。私たちは、日本のジャーナリズムが安倍政権による新聞やテレビなど報道機関への介入や統制を強めている現状に、大きな危惧の念を抱いています。「原発『吉田調書』報道」の取り消し事件も、朝日新聞社の問題だけに止まらない日本のジャーナリズムの危機を象徴する出来事ではなかと考えています。

読者の会では、朝日新聞社の再生を日本のジャーナリズムを立て直していく第一歩にしようと取り組んでいます。朝日新聞社をはじめとする新聞各社の社員の皆さん、読者の皆さん、一緒に話し合いましょう。そして、足並みを揃えて明日に向かって進んでいきましょう。

〈参考資料〉

鎌田慧・花田達郎・森まゆみ編集代表『いいがかり――原発「吉田調書」記事取り消し事件と朝日新聞の迷走』七つ森書館

海渡雄一・河合弘之ほか『朝日新聞「吉田調書報道」は誤報ではない――隠された原発情報との闘い』彩流社

「解題・吉田調書」（岩波書店、２０１４年2月から月刊誌『世界』で連載）

朝日新聞「吉田調書」報道は誤報ではない！

政府事故調の「吉田調書」入手

所長命令に違反 原発撤退

福島第一 所員の9割

震災4日後、福島第二へ

全資料 公表すべきだ

朝日新聞は政府事故調査委員会による吉田昌郎所長の「聴取結果」を入手し、2014年5月20日朝刊で「所長命令に違反 原発撤退」などと報じました。

スクープ
朝日

この報道は、右派系の週刊誌や月刊誌をはじめ、産経、読売、共同通信、毎日などの他紙からバッシングされました。

全員撤退など東電は考えていなかった！
現場の社員は命令違反などしていない！
日本人をおとしめるな！
雑誌
新聞
ネット

朝日新聞は同年9月記事全体を取り消した上で謝罪しました。

この記事は本当に誤報なのでしょうか？

2011年3月14日の夜から福島第一原発（1F）の2号機は圧力が上昇し、水が入らず冷却不能となっていました。東電の取締役らは大量の放射性物質の放出を覚悟し、官邸に対し10名程度の所員を残して撤退の了解を取ろうとしました（最終的には650名が撤退し、70名が残った）。

ううう もうダメだ
ムリムリ

この程度の人数ではこの過酷な事故に対応できるはずもなく、全面的な撤退計画と言って差し支えないでしょう。

15日5時30分頃、菅直人総理は官邸で清水正孝社長に「撤退はあり得ない」と伝えたうえで、東電本店を訪ね、幹部を前に「日本がつぶれるかもしれない時に撤退はあり得ない」と述べました。
6時14分、爆発音がしたため、14日夜から準備されいったん中止されていた福島第二原発（2F）への撤退が実行に移されます。
しかし、6時42分、吉田所長は1Fの線量の低いところに留まるようテレビ会議を通じて待機の指示をしました。
待機を
撤退を
オロオロ
オロオロ
ところが9割の所員が1Fを離れて2Fへ撤退してしまいました。その結果原子炉は圧力すら計測できず、一時期は手も足も出ない状況になりました。
個々の所員に指示が届いていなかったとしても、所長の指示に反した事態が生じていたのは事実なのです。
あとから考えれば
2Fに行ったのは正しい
東電取締役らが社員の命と安全を考えたことは責められないかもしれません。
問題は、このような過酷な事故が起これば原発は管理できる人がいなくなり、連鎖的暴走を止められなくなることなのです。海外では非常時の運転対応の体制についても議論が始まっています。このような本質的な問題がきちんと議論されないまま、再稼働を進めることは許されません。そのことを朝日新聞「吉田調書」報道は伝えたのです。
ドカーン

津波対策の決定を
東電取締役らは覆した！

2002年7月、政府の地震調査研究推進本部（以下、推本）は、福島第一原発の沖合いを含む日本海溝沿いで津波マグニチュード8クラスの津波地震が30年以内に20％の確率で発生すると予測しました。

2007年12月東電土木調査グループと東電設計は耐震バックチェック（原子力施設の耐震性を再評価する作業）において、推本の長期評価を取り込む方針を決定しました。

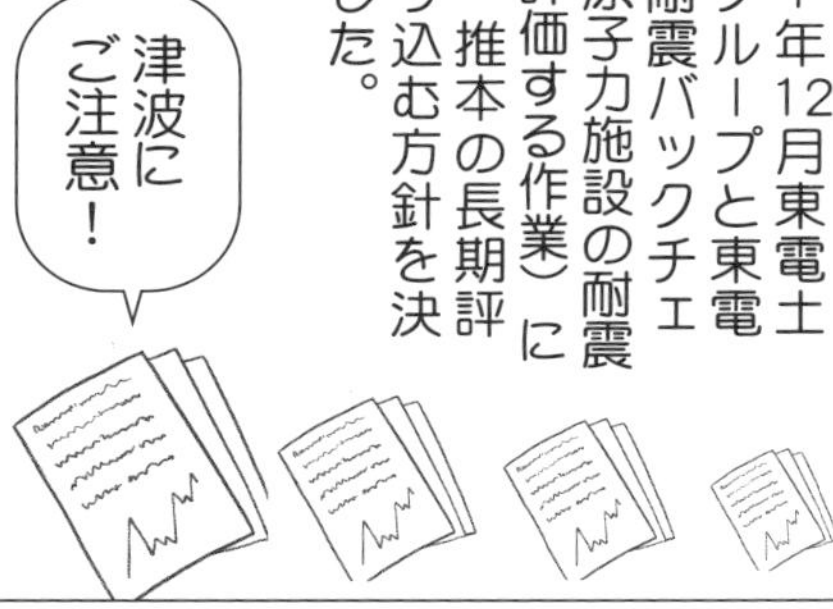

2008年3月、役員の出席した中越沖地震対応打ち合せで、推本の長期評価に基づき「過去に三陸沖や房総半島沖の日本海溝沿いで発生したM8以上の津波が、福島県沖で発生することを前提とする」と記載した対外説明Q&A集が作成されました。

2008年6月、東電の社内組織である土木調査グループが武藤栄（副本部長）に対して、15・7mの津波が襲う試算を報告して、10mの上にさらに10mの防潮堤を設置することを説明しています。

2009年2月の「中越地震対応打ち合せ」で武黒一郎（原子力本部長）は津波について「女川や東海はどうなっている」という質問をしています。

東電は津波対策の必要性を容易に無視できないことを認識しながらも、工事のために原発が長期停止になることを恐れ、津波対策をやめたのです。

しかし2008年7月31日、武藤栄は推本の予測を土木学会の検討に委ねることとし、さらにこれまでの方針を覆し、「津波対策はやらない」と決めたのです。

土木学会の津波評価部会は電力会社や関係団体に所属する人が半分以上を占め研究費も電力会社から支給されています。

東電の同年9月の社内文書は「推本の知見を完全に否定することは難しく、現状より大きな津波高を評価せざるを得ないと想定され、津波対策は不可避」と結論づけています。

そりゃまー
工事必要っちゃ必要なんだけど…
原発運転止めたくないし

2009年8月には保安院は東電に対し、平安時代に起きた貞観津波などを踏まえた津波対策の現状について説明を求めました。

東電は2009年9月、貞観津波に関する佐竹論文に基づいて試算した波高が、約8・6m～約8・9mであると説明しましたが、土木学会手法では2～3割水位が増すことと、15・7mの試算の存在も隠しました。

保安院
8.6～8.9m
15・7m

貞観津波については勝俣恒久社長まで報告されています。

もうよい
下がれ
恐れながら…

さらに2010年3月、保安院の森山審議官が部下にあてたメールから、貞観津波を考慮すれば追加対策が必要となることを認識していたことがわかります。

しかし何の対策もせず運転を継続を認めていたのです。

だから言ったのに

地震防災では「いつか起きることは、明日起きるかもしれないと考えて対策をとらなければならない」と言われています。

特に、大きな危険性をはらんでいる原発については、例外なくこのように判断しなければなりません。

対策を怠った東電の責任は重いと言えるでしょう。

参考資料：「朝日新聞『吉田調書』報道は誤報ではない」「市民が明らかにした福島原発事故の真実」（彩流社）

Ⅳ．社内報『エー・ダッシュ』から読み解く朝日新聞社の知られざる姿

社内報を利用し、会社の意向を宣伝し、幹部への批判を回避する。

☀社長はジャーナリズムを放棄した

スクープ記事を取り消した真相は、いまだ明らかでない。朝日新聞の経営・編集幹部は私たち「原発『吉田調書』報道を考える読者の会」の公開質問状にも答えようとしない。

霧の中に閉ざされた真相の一端が伺える貴重な資料が、朝日新聞の社内報『A（エー・ダッシュ）』（4月、7月、10月、1月の年間4回発行）だ。

社内報と言えば普通は社外秘なのだが、朝日新聞社では、社員のほか、ＯＢ・ＯＧ、関連会社にも配布している。コンテストにも出品する広報誌、といった位置づけだ。

「吉田調書」報道を巡る対応は朝日新聞社の社内でどのように変遷していったのだろうか。社内報から振り返ってみた。

☀ついに「脱ジャーナリズム宣言」？（２０１６年冬号）

２０１６年1月に発行された社内報が手元にある。表紙のタイトルが目に飛び込んできた。「暮らしに役立

朝日新聞社の社内報『エー・ダッシュ』より

つ総合メディア企業へ」と題して、渡辺雅隆社長の年頭メッセージと中期経営計画が紹介されている。「暮らしに役立つ総合メディア企業へ」とは一体いかなる内容なのか。

渡辺社長のメッセージは朝日新聞がこれから「めざす姿」に言及していた。

「どこよりも質の高い情報とサービスをさまざまな手段で届ける総合メディア企業」。質の高い情報とサービスは、「課題の解決策をともに探る姿勢を打ち出し、お客さまやユーザー、社会と双方向のやりとりをすること」によって実現する。

これだけでは何を言いたいかよく分からないが、そのあとを読めば全体像が見えてくる。続けて社長が口にしたのは「新聞事業だけに依存し続けるのは危険」だという主張だった。

だから新聞事業以外に力を入れる。その内容が、企業買収、他社との提携を進める「M&A」、そして不動産事業。

いったい朝日新聞はなんの会社なのか。そんな思いを抱いてふと気づいた。

この社長の年頭メッセージのなかにあの言葉を探すのが大変なのだ。「ジャーナリズム」という言葉を。「ソリューションジャーナリズム」という言葉があるが、大海の一滴。

要するに、社長の年頭メッセージは朝日新聞の「脱ジャーナリズム宣言」だと思う。ジャーナリズムの会社から不動産会社への転換。安倍政権を筆頭に朝日新聞批判を繰り広げてきた者たちは笑いが止まらないだろう。朝日がジャーナリズムをやめて普通の会社になってくれた、と。

新聞業界の頂点に立つ朝日新聞がジャーナリズムを捨てる。２年前は誰がこんな事態を予想しただろう。

報道の成果をトップで紹介（２０１４年夏号）

福島第一原発事故から３年が過ぎた２０１４年５月20日、政府事故調の「吉田調書」を独自入手した朝日新聞は、朝刊一面で「所長命令に違反　原発撤退」「福島第一所員の９割」と大見出しで報じた。記事は、原発事故を検証し、事故の真相究明に迫る内容だった。過酷な原発事故の教訓を明らかにするために、「吉田調書」は重要な資料になると期待させた。

社内報にこの「吉田調書」報道のことが載ったのは、２０１４年夏号だ。トップ記事で取材班が書いている。見出しは「福島第一原発事故検証　めざして」「連携と独立、成功した取材体制」。書き出しに「ある記録を託された。入手時期は秘密だ」とあった。情報源の秘匿に気を遣ったことが伝わってくる。「裏取り」についても書かれていた。複数のソースをもとに検証した上で、裏が取れた情報だけを載せたこと。官僚たちの証言やノートが「吉田調書」を裏付けたことが説明されている。また、「吉田調書」を他紙が全く報じない状況にも言及している。他紙が「朝日新聞によると」として報じる習慣が、日本のマスメディアにはないということだ。

一連の特集に興味深い文章を見つけた。

科学医療部の記者の文章だ。彼は取材班の打ち合わせに初めて参加した掲載直前（２０１４年5月18日）の様子に触れている。なぜ重要かというと、朝日新聞社の第三者機関「報道と人権委員会」（以下、ＰＲＣ）がこの場で「原稿を読んだ科学医療部側から疑問が出た」とのちに指摘しているからだ。

ところが社報の文章にはこうある。「取材チームの打ち合わせに初めて参加。放射性物質の拡散やベントの補足取材、田中俊一原子力規制委員長の取材に当たった。あらゆるリスクを想定した準備からデジタルの見せ方など貴重な経験だった」。ＰＲＣは科学医療部からの疑問の声が上がったことを強調するが、社内報の文章からはそんな雰囲気は感じられない。ＰＲＣの記述は本当なのだろうか。

検証を放棄、外部に丸投げ（２０１４年秋号）

社内報の秋号は、２０１４年10月16日に発行されている。木村伊量社長の記者会見（２０１４年９月11日）から一ヵ月余を過ぎた時期だ。

この号では「信頼回復と再生へ　３委員会で本格対応」の見出しで、「吉田調書」報道を取り消した記者会見の要約と、社内に「信頼回復と再生のための委員会」を発足させ、外部委員を迎えて取材上の問題点やチェック体制の見直しなどを議論していくことが書かれている。また、「吉田調書」報道については、第三者機関「報道と人権委員会」（ＰＲＣ）に申し立て、すでに調査を始めていることを紹介している。「吉田調書」報道はＰＲＣに、読者対策は再生委員会に。これで、社の立て直しを第三者委員会に丸投げしたことを社内に宣言したことになる。

木村社長から社員に向けたメッセージもあった。木村社長は「この大きな危機に結束してどう真摯に向き合うか。長く苦しい再生への道のりですが、みなさんとともに、歯をくいしばって前に進みたいと思います」と述べている。

新しく編集担当重役に就任した西村陽一氏は一読者と謙虚に向き合おう／信頼回復へあらゆる努力を」「目的を共有し、気持ちを一つにして全員で進みたいと思います」と社員に呼び掛けている。

西村氏は取消・謝罪会見をおこなった９・１１当時も取締役の一人だった。木村氏も西村氏も、役員としての責任をどう感じているのだろう。社員に呼びかけるのはいいが、その前に役員は総辞職するくらい大反省するべきではないだろうか。社内報を読む限り、二人の文章からは他人事のような感触しか伝わってこない。

第三者委員会が悪いとは言わない。しかし自分たちのつくった委員会に問題を丸投げする一方で、なぜ私たちの質問には答えようとせず、返事も寄越さないのだろう。

社報には連載「こちらＪ（ジャーナリスト）学校」も載っている。

この号には木村社長の記者会見の前日（２０１４年９月10日）までの５日間、東京で行われた「学生ジャーナリズム研修」、いわゆる学生の記者体験インターシップの様子が報告されている。

「東京会場は、慰安婦問題をめぐる報道や池上コラム掲載一時見送り判断などをめぐり、朝日批判の強まる中での

朝日新聞社の社内報『エー・ダッシュ』より

開催となった」とあり、「疑問や不安、迷いを抱いている学生にどう接するかスタッフで議論した」と書かれている。
そこには吉田調書の「よ」の字もない。社内で大きな問題として考えられていたのは「吉田調書」報道ではなく、慰安婦検証記事問題や池上コラム不掲載問題だった。

☀プロパガンダ全開（２０１５年冬号）

冬号は年明けの２０１５年1月29日に発行されている。この号は会社のプロパガンダに徹している。総ページ数は１２８ページに上り、最新号（２０１６年冬号）と比較して約40ページも分厚い。

「渡辺・飯田新体制スタート」という新社長、新会長についての記事と「信頼される新聞をめざして」の二つのテーマで構成され、「吉田調書」記事の取り消し、池上コラム不掲載、慰安婦検証記事を「一連の問題」と片付けたＰＲＣ見解（２０１４年11月12日発表）を全文掲載している。社長の不始末であり、最も問題だった池上コラム不掲載問題が「吉田調書」報道の陰に隠された印象だ。

同じ朝日新聞の媒体でも、雑誌『journalism』（２０１４年12月号）は冷静だった。ＰＲＣ見解を痛烈に批判するジャーナリストの魚住昭氏の論文を掲載するなど、多様な意見を紹介していた。

話をＰＲＣに戻そう。

ＰＲＣ見解は朝日が「吉田調書」の記事取り消しを決めたことを「妥当」とし、朝日新聞社の見解を追認した形になった。そもそも中立人が朝日新聞社ということからして出来レースっぽく見えなくもないが、そういう見方をするならば、ＰＲＣの委員はお役目を忠実に果たしたと言えるだろう。しかし朝日新聞に対してお役目を果たすことと、社会に対しての責務を果たすことは違う。

「吉田調書」報道の取り消し後、多くのジャーナリストや弁護士らから、あるいは雑誌等で朝日の対応を批判する意見が多数出てきている（私たちの取り組みもその一つだ）。その事実と向き合うならば、「誤報ではない」「取り消しはおかしい」という意見や批判の声に、ＰＲＣと朝日新聞は正面から答える必要があるだろう。

ＰＲＣの委員に至っては完全に沈黙だ。言いっ放しで、あとは批判されようが一切無視。これが報道機関の第三者委員会とは驚きだ。

この号の社内報には、ＰＲＣの中崎雄也事務局長も執筆している。ＯＢによると、中崎氏は東京本社地域報道エディター代理や東京総局長を経て事務局長に就いた社会部系の記者だ。その中崎事務局長の文章が興味深い。ＰＲＣの〝人事〟情報も載っている。

今回の審理に当たり、会社を退社し、顧問になっている津山昭英氏を事務局補佐として据えたというのだ。津山氏も社会部系の経歴で、朝日の記者行動基準の策定や記者教育に関わってきた人物だ。孫を抱く写真が載る津山氏のフェイスブックにも「朝日新聞社で記者教育など、家では孫の相手の毎日です」（２０１２年9月24日）とある。

津山氏をよく知る朝日の現役社員は「記者教育を名目にしてどんどん取材規制を推し進めてきた人物。『朝日の首斬り人』とも呼ばれている。不祥事が起こるたびに会社の意向に沿って記者を処分する根拠を作ってきた男です」と話している。

この号での中崎事務局長は饒舌だ。ＰＲＣの組織について、「しょせん社内常設機関であって、本社の追認機関ではないかと聞かれることがある」と書き、それに対して「追認機関ではありません」とも書いている。

わざわざ社内報の場で「追認機関ではありません」と否定するということは、否定しなければならない批判があったことを中崎氏自身が認めているということだろう。

本当の「再生」とは？（2015年春号）

2015年4月の春号には「再生への道」と題した特集が掲載された。

1月に発表された「信頼回復と再生のための行動計画」に基づいた取り組みが報告されている。第三者組織「編集権に関する審議会」のスタートも告げられているが、どういう内容かは不明。

なんでもかんでも「第三者」に委ねてしまうのは、自浄能力がない組織だと認めたことになるだろう。「第三者」の人選は朝日新聞社が行なうのだろうから、体裁作りと責任逃れの表れといわれてもしようがない。

「社内対話集会」が開かれていることも書かれている。後日、こうした集会に出席した社員に話を聞いたところ、「渡辺社長が出席した場で『吉田調書』記事を取り消したことに疑問を投げかけた社員がいた。その社員からの質問を社長は『ここは議論する場ではない』と途中で打ち切った。対話だなんて、嘘っぱちもいいところ」と話していた。

読者との「車座集会」も記されているが、参加したいと思ったらどうすればいいのか、集会を開きたい時はどうすればいいのか、などは明らかにされていない。しかも朝日

再生への道

パブリックエディター　社外の3氏

高島肇久さん

小島慶子さん

河野通和さん

再生への道

パブリックエディターとは？

朝日新聞への助言・提言機関

社外の声 背にした 読者代表に

朝日新聞社の社内報『エー・ダッシュ』より

新聞社のホームページを見ると、わずかの集会報告しか載っていない。私たちの探し方が悪いのだろうか。参加者からどんな意見が出たのか、詳しい事も分からない。

私たちも車座集会の開催を呼びかけているのに、朝日新聞社は一向に開いてくれない。都合のいい人だけを集める集会ならポーズに過ぎない。パブリックエディター（ＰＥ）制度も紹介されている。社外委員3人と社内委員1人の構成で、社内委員はあくまでも社内外の橋渡し役とか。ここでも「第三者委員会」と同じように社外の声を聞いているというメッセージを送っている。

新入社員を利用して「不偏不党」の珍説を開陳（2015年春号）

同じ2015年春号には新入社員の初々しい横顔が紹介されている。

入社式であいさつをした女性記者の発言が目に止まった。次の言葉だ。

ウィリアム・ペンの「真実は、敵対する者の意見よりも、味方が熱心すぎるせいでしばしば傷がつく」の言葉を例にして、朝日の「原発、集団的自衛権、秘密保護法案」の報道に「熱心すぎる」危うさを感じたのだそうだ。そして、「強すぎる使命感が『不偏不党の地に立つ』ことに挑戦しつつあるのではないか」

え？　熱心すぎる危うさとは、どういうことなの？　熱心すぎるってどう熱心すぎるの？　「危うさ」とは何を指しているの？　何がどう危ういの？

「強すぎる使命感」とは一体どういうことだろう？

誰がどのような基準に基づいて強い弱いを判断するのだろう？

社長が判断するのだろうか。安倍政権が判断するのだろうか。ネット世論だろうか。さっぱりわからない。

弱い使命感はあるのだろうか。そもそもこの新人記者は、何のために新聞記者になったのだろうか。

朝日新聞、大丈夫か？

ついでだから「不偏不党」にも触れておく。

1817年のこと。白虹筆禍事件で寺内内閣から攻撃を受けた朝日新聞幹部は最後には全面屈服し（今回の「吉田調書」記事取り消し事件と同じ構図じゃないか！）、これまでの「公正無私」だった社是（編集綱領）に加わったのが、「不偏不党」だった。

要するに、もう政権を批判はしませんよ、と権力に頭を下げて土下座した紋章が「不偏不党」なのだ。

この辺りの歴史的経緯と評価は、有山輝雄『近代日本ジャーナリズムの構造——大阪朝日新聞白虹事件前後』（東京出版、1995年）などに詳しい。ちなみに米国のある調査報道組織は「不偏不党には立たない」と堂々と宣言している。不偏不党とはそれだけ危うい言葉なのだ。

話を戻すと、この新人記者の挨拶は奥が深い。

なぜならば挨拶には必ず社の幹部が目を通すからだ。いや、会社が「こう話せ」と言ったのかもしれない。いずれにしろこの挨拶は、その後の朝日新聞社の体質を象徴している。「社史の捏造」（朝日社員）かもしれない。

社員を活用した宣伝（2015年夏号）

新入社員の挨拶のほかにも、社内報が記者の声という形で特異なメッセージを伝えているケースがある。

2015年夏号に載った「阪神支局襲撃事件から28年」という特集では、阪神支局の男性記者が「対立する価値観橋渡しを手探り」と出した記事を書いている。

そこには朝日が新たに導入したフォーラム面を賞賛したうえで「慰安婦問題報道や吉田調書報道など一連の問題の原因分析で語られたように、自ら伝えたい思いにとらわれるあまり、異なる意見・批判に耳を傾ける姿勢をおろそかにしていたように思う」とある。

さらっと読み飛ばしそうだが、よく考えるとおかしい。

そんな原因分析がどこでされたのだろう。自ら伝えたい思いにとらわれるあまり、異なる意見・批判に耳を傾ける姿勢をおろそかにしていた？　少なくとも私たちが「吉田調書」報道の取り消しをめぐって目にした朝日新聞社の公式見解に、そんなくだりはなかった。

朝日新聞は「過剰な使命感」や「自ら伝えたい思い」を徹底的になくしたいのかもしれない。だから記者の口や文章を使ってそのことを社員の頭にすり込んでいる、と考えればつじつまがあう。ちなみに、社長就任会見で、高田寛社長室長は「意図して話を作ったわけではない」と明言している。外に向けて発した言葉と逆のことを社員が書いているのだ。

「ジャーナリズムとは報じられたくないことを報じることだ」（2015年夏号）

社内報とは関係ないが、新聞労連は2015年1月28日、

朝日新聞社の社内報『エー・ダッシュ』より

第19回ジャーナリズム大賞の授賞式を開き、「吉田調書」報道に特別賞を授与した。朝日が取り消した記事が受賞するのだから、朝日の対応を痛烈に批判することにもなった。朝日OB記者の柴田鉄治氏は選考委員を代表して「朝日新聞がした取り消しという措置は大間違い」と批判した。選考委員は「虚報やねつ造と同列に論じるのはおかしい」との見解を出した。また2015年の夏号には連載「プロメテウスの罠」が2015年5月3日、日本外国特派員協会（FCCJ）の「報道と自由推進賞」の調査報道賞を受賞した記事も掲載されている。

　受賞者発表にあたってFCCJは、ジョージ・オーウェルの「ジャーナリズムとは報じられたくないことを報じることだ。それ以外のものは広報に過ぎない」との言葉を引き、次のように日本のジャーナリズムの現状を紹介した。

「……2015年、国境なき記者団による報道の自由度ランキングで日本の報道の自由度は世界第61位へと後退しました。これは韓国やチリ、セルビアよりも低い評価です。2012年、日本は同ランキングで世界22位の評価を受けました。日本の報道の自由度が下がった理由として、国境なき記者団は特定秘密保護法が制定されたことで、特に原子力や対米外交に関連した情報の公開度が後退し、もはやそうした情報は日本ではタブー視されるようになったと酷評しています。このように、政府にとって都合の悪い情報を出させないようにするために、公共性の高い情報を伝える調査報道や、記者の取材源の秘匿などが脅かされています。……」

報道の自由が後退する中、朝日新聞はジャーナリズムを捨てるのだろうか。本当に「総合メディア企業」に衣がえをするのだろうか。それは朝日新聞が権力に屈して、ひざまづいたことにならないだろうか。

しかし私たちは大多数の朝日新聞記者がまだジャーナリズム精神を失っていないと信じている。朝日新聞が不動産会社になることはないと信じている。

真の意味で朝日新聞が再生することを私たちは願っている。そのためにも、私たちはこれからも朝日の社内報に注目していきます。

朝日新聞社の社内報『エー・ダッシュ』より

Ⅳ．社内報『エー・ダッシュ』から読み解く朝日新聞社の知られざる姿

Ⅴ．私たちは公開質問状で「何」を問おうとしていたのか？

――朝日新聞社に提出した全質問書と回答

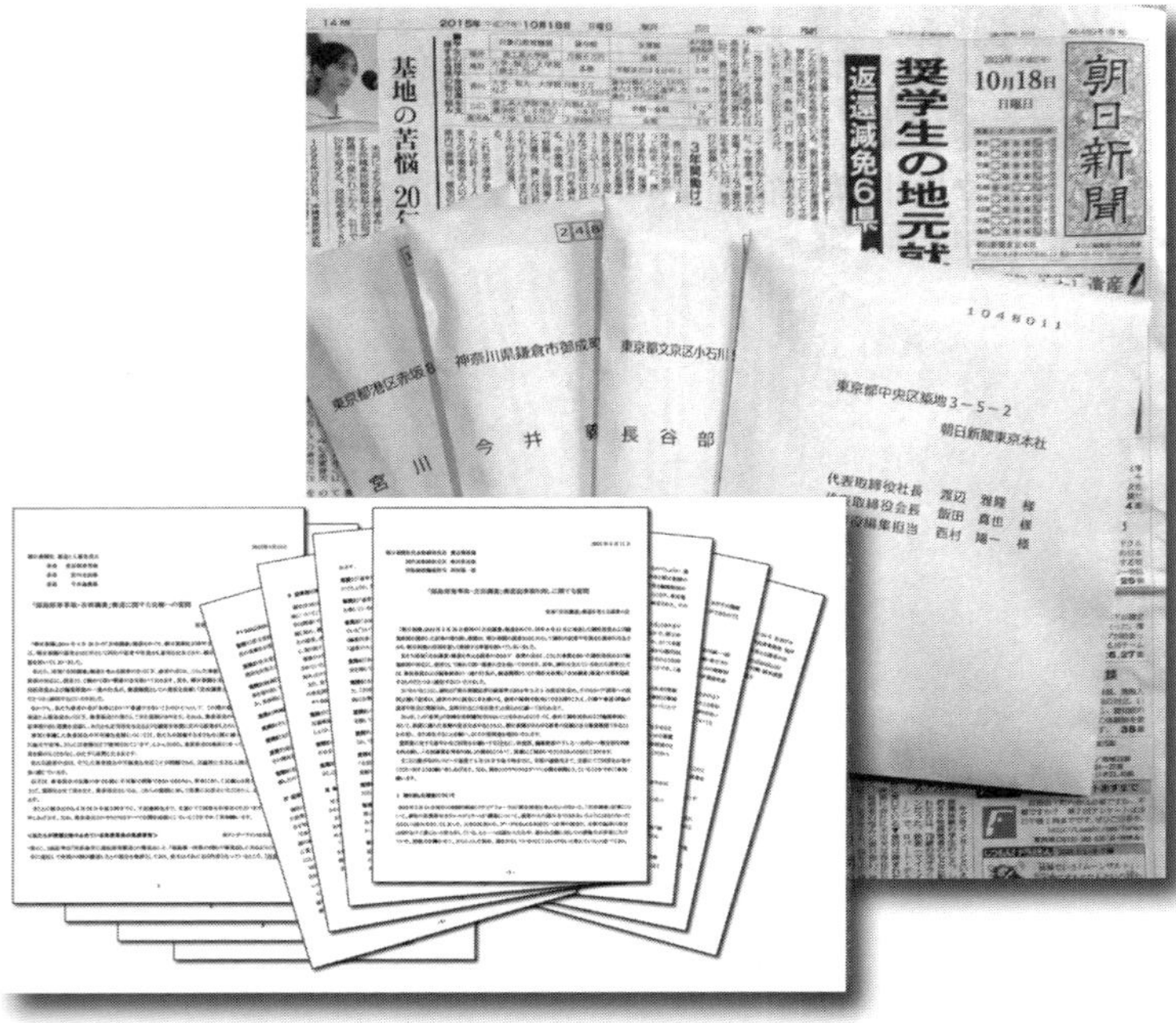

①２０１５年４月13日発送の朝日新聞経営陣宛の文書

朝日新聞、ＰＲＣ、地方総局、朝日会、朝日労組、報道関係者など宛に郵便・Ｅメールで発信する。

朝日新聞社代表取締役社長　渡辺雅隆様
同代表取締役会長　飯田真也様
同取締役編集担当　西村陽一様

「福島原発事故・吉田調書」報道記事取り消しに関する質問
原発「吉田調書」報道を考える読者の会

「朝日新聞」２０１４年５月20日朝刊の「吉田調書」報道をめぐり、同年９月11日に発表した御社役員および編集幹部が選択した記事の取り消し措置は、朝日新聞の読者をはじめとして御社の記者や社員をも裏切る行為であり、朝日新聞の信用を著しく毀損する事態を招いてしまいました。

私たち原発「吉田調書」報道を考える読者の会（以下、

読者の会）は、こうした事態を招いた御社役員および編集幹部の対応に、読者として極めて深い憂慮の念を抱いております。長年、御社を支えている私たち読者としては、御社役員および編集幹部の一連の行為が、報道機関としての責任を放棄し「吉田調書」報道の本質を隠蔽するものだとつよく確信するにいたりました。

さいわいなことに、御社は「朝日新聞記者行動基準」（2014年3月1日改定）を定め、そのなかで「読者への説明」と題し「記者は、読者の声に誠実に耳を傾ける。読者の疑問や批判にできる限りこたえ、行動や報道・評論が読者や社会に理解され、支持されることを目指す」と高らかに謳っておられます。

ならば、この「基準」が空疎な美辞麗句ではないことをあきらかにすべく、改めて御社役員および編集幹部に対して、誤謬に満ちた見解の是正を求めるとともに、朝日新聞があらゆる読者の信頼に足る報道機関であることを自覚し、また再生することを願い、以下の質問書を提出いたします。

質問書に対する速やかなご回答をお願いするとともに、旧役員、編集幹部の下した一方的かつ無分別な判断を再点検し、「吉田調書記事取り消し」の撤回について、真摯にご検討いただけるものと信じております。

まことに勝手ながらスピード重視で4月24日午後5時までに、末尾の連絡先まで、文書にてご回答をお寄せくださいますようお願い申しあげます。なお、御社とのやりとりはすべて公開を前提にしていることを予めご承知願います。

Ⅰ 取り消した理由について

2015年3月11日発行の別刷り紙面（メディアフォーラム「震災報道を考える」）のなかで、「吉田調書」記事について、御社の長典俊ゼネラルエディターは「調書についての、通常の人の読み方ではああいうふうにはならないだろうという読み方をしてしまった。大きな反省から、データを伝える本記という記事の部分と、主張や論評の部分は切り分けて書くという努力をしている。もう一つは読む人たちや、書かれる側に対しての想像力が非常に欠けていた。想像力を働かせて、きちんとした取材、書き方をしていかなくてはいけないと考えている」と述べておられます。

質問1　「通常の人の読み方ではああいうふうにはならないだろうという読み方」とは記事のどの部分を指しているのでしょうか。具体的にお教えください。

質問2「通常の人の読み方ではああいうふうにはならないだろうという読み方」の〝通常の人〟とは、どのような人を指しているのでしょうか。その定義を具体的に教えてください。

質問3「吉田調書」記事については、様々な媒体から〝記事は誤報ではなかった〟、〝取り消しの判断は間違っている〟という主張も出ており、直近では『いいがかり　原発「吉田調書」記事取り消し事件と朝日新聞の迷走』（編集代表：鎌田慧、花田達朗、森まゆみ）という本にも記されております。こうした主張を述べている人たちは「通常の人」ではないのでしょうか。見解をお聞かせください。

質問4「ああいうふうにはならないだろうという読み方」とありますが、「ああいうふう」とは具体的に記事のどの部分を指しているのでしょうか。

質問5　また「ああいうふう」であるか否かの判断基準とは何であり、誰がいつその基準を作成したのでしょうか。また、「吉田調書」記事においてその基準に適っているか否かを、誰が何時の時点で審判したのでしょうか。具体的にお教えください。

質問6「読む人たちや、書かれる側に対しての想像力が非常に欠けていた」とありますが、「書かれる側」とは何を指しているのでしょうか。具体的にお教えください。

質問7　また、「想像力が非常に欠けていた」というご指摘については、どのような「想像力」が欠けていたのでしょうか。「想像力」の具体的な内容についてお教えください。

質問8「通常の人の読み方ではああいうふうにはならないだろう」とありますが、私たち読者は朝日新聞社から「吉田調書」記事に関する意識調査を受けてはおりません。そうしたご判断は、何か具体的な統計調査に基づく見解なのかどうかをお教えください。

質問9　また、調査をされたのではあれば、その実施日や調査対象、調査件数、調査結果の概要などをお教えください。

質問10　読者が記事をどのように読もうと多様な受け止めがあってしかるべきだと思いますが、御社が「吉田調書」記事に関して「通常の人の読み方ではああいうふうにはならないだろうという読み方」として、ある〝特定の読み方〟が正しいと押しつけるのは、読者の多様性を奪う、危険な考えです。読者は朝日新聞が強いる読み方しか、してはいけないのでしょうか。読者の内心にまで編集幹部が踏みこむ理由とは何なのかをお教えください。

質問11　結局、私たち読者としては、長典俊ゼネラルエディターの発言を聞いても、「吉田調書」記事のどこの記述に問題があり、どのように間違っているのかが判りません。御社が問題とされ取り消された「吉田調書」記事のどの部分（何行目）の記述が間違っているのか、そしてなぜ間違っているのか、さらに正しくはどういう記述が良いのかを、それぞれに対して具体的にご説明ください。

Ⅱ 記事取り消しの経過について

御社は２０１４年9月11日の社長記者会見について報じた記事（朝日新聞デジタル）の「報道をめぐる経緯について」で、『朝日新聞報道後、「誤報」などの批判が寄せられました。取材班からは、吉田所長の待機命令は間違いないなどの報告を受け、信頼しました。その後、8月に入って新聞メディアが吉田調書を入手したと報じ始め、朝日新聞の記事の印象と異なる内容でした。このため、編集幹部の指示をうけて点検を始めました。その結果、所員らへ取材が不十分で、所長発言への評価が誤っていたことが判明しました。語句の修正ではなく、取り消すという判断をしました』と記述しています。

複数のメディア（『FACTA』『週刊現代』など）によると、いわゆる「反論紙面」は7月の初旬の段階で掲載を検討されていたといいます。しかも数回掲載の機会があったと聞きます。「新聞メディアが吉田調書を入手したと報じ始め」たのは、産経新聞の２０１４年8月18日が最初でした。

また、金平茂紀論文「曲がり角としての２０１４年」（『いいがかり　原発「吉田調書」記事取り消し事件と朝日新聞の迷走』収録）によると、記事を取り消した判断などは記者には説明されなかったとあります。

＊１：http://digital.asahi.com/articles/ASG9C6F64G9CUTIL055.html

質問１　こうした経緯の中で、御社は約2ヶ月間にわたって反論紙面を掲載しなかったのはなぜなのでしょうか。反論紙面はどの時期に、何回検討され、掲載を見送ったのは、いつ、誰が、どのような理由により判断したのでしょうか。それぞれの段階ごとに具体的にお示しください。

質問２　さらに、金平茂紀論文の内容が事実であるなら、記者への説明無しに記事を取り消したことは、極めて不公正な行為であると言わざるをえません。真偽をお示しください。

質問３　同様に、金平論文の内容が事実であるなら、なぜ記者に説明をしなかったのでしょうか。その理由をお示しください。

Ⅲ 取り消しの判断について

任天堂社長インタビュー[*1]や、GLOBEの「バラ戦争[*2]」では、明らかに捏造と盗用に他ならないにもかかわらず、御社はいずれも「おわび」で対応しています。

また、映画『ガレキとラジオ』を巡っては、御社は2014年3月5日の紙面で「やらせ」を指摘しましたが、出演女性が弁護士を通じて御社宛に「やらせではなく、記事そのものが事実に基づかないねつ造」と質問状が送られました。

「吉田調書」記事では、御社としては明確に捏造を否定しているにもかかわらず、記事全面取り消しという措置を選択されました。私たち読者の会としては、こうした前例をふまえ、今回御社が「吉田調書」記事を取り消した措置は、他の悪質な事例と比しても極めて不均衡な対処で、かつ読者に対して不誠実な対応だと言わざるを得ません。

＊1：http://digital.asahi.com/articles/DA3S11350303.html

（編集部注）捏造記事の典型である。任天堂社長へのインタビューを断られ、任天堂ホームページ上の動画の発言内容をまとめ、「インタビュー記事」とした。任天堂から抗議を受け謝罪、関係者と読者にはおわび。

＊2：http://globe.asahi.com/feature/memo/2014100300004.html

（編集部注）盗用記事であるがおわびで済ませている。「The Asahi Shimbun Globe」2014.10.5には「《おわびします》この記事「400年前の禁断のバラ」について、写真家・松本路子さんから、淡交社刊『日本のバラ』所収の松本さんの文章「撮影ノートから・四百年前に描かれた一輪のバラ」にきわめて似ているという指摘を同書の読者より受けた、との問い合わせがありました。

経緯を調べたところ、記事を書いた記者は、松本さんの著書を読んだのをきっかけに取材を始め、舞台となった寺院にも取材しましたが、そもそも松本さんの文章を参考にしたため、記事は似通った内容になりました。デスク、編集長もそのことを見落としていました。本来、取材時に松本さんに連絡をとり、参考にしたことを本の題名や著者名とともに明示すべきでしたが、それを怠りました。松本さんと読者の皆さまに、深くおわびするとともに、再発防止に努めます。（編集長・石川尚文）」とある。

＊3：http://www.311movie.com/pdf/re9.pdf

質問1　任天堂社長インタビューとGLOBE「バラ戦争」の記事はそれぞれ捏造や盗用ではないのでしょうか。御社の見解をお答えください。

質問２　任天堂社長インタビューとGLOBE「バラ戦争」の記事は、なぜ取り消しにならなかったのでしょうか。その理由をお答えください。
質問３　映画『ガレキとラジオ』を巡っての記事は、御社は取材相手から「捏造」を指摘されたにもかかわらず、記事を取り消してはいません。ましてや記者の処分も発表されていません。その後、御社はどのような対応をしたのか、具体的にお教えください。
質問４　映画『ガレキとラジオ』を巡っての記事は、捏造ではないのでしょうか。お答えください。
質問５　そもそも、御社における捏造、盗用の定義をお示しください。
質問６　また、御社における記事取り消しの判断基準をお示しください。
質問７　前述した例証のように捏造・盗用記事は取り消しにならず、なぜ「吉田調書」記事は取り消しになるのか、その理由を明確にお示しください。
質問８　私たち読者の会は、御社の役員と編集幹部が政治的な思惑に基づいて「吉田調書」記事の取り消し判断したのではないかとの疑義を強く持っています。この点、御社の見解をお示しください。

Ⅳ 記事について

御社は２０１４年9月11日の社長記者会見について報じた記事（朝日新聞デジタル）[*1]で、「社内で精査した結果、『命令違反で撤退』という記述と見出しは裏付けがない、と判断しました。多くの所員らが吉田所長の命令を知りながら第一原発から逃げ出したような印象を与える間違った記事でした」とあります。

「『命令違反で撤退』という記述と見出しは裏付けがない」とありますが、海渡雄一論文「ＰＲＣ見解——事実と推測の混同」（『いいがかり　原発「吉田調書」記事取り消し事件と朝日新聞の迷走』収録）に記載されている内容に基づくなら、東電本店の3月15日朝の会見や異常事態通報様式など、複数の一次資料による明確な裏付けによって記事は作成されています。

同じく御社は２０１４年9月11日の社長記者会見について報じた記事（朝日新聞デジタル）で、「取材班は吉田調書を読み解く過程で評価を誤り、取材源の保護に気をつかうあまり情報を共有していた記者が少なく、チェック機能が十分働かなかったことなどが原因と判断しています」とあります。

しかし、御社発行の月刊誌『Journalism』（２０１４年

12月号）の魚住昭論文「『報道に重大な誤り』ＰＲＣの結論に疑問　記者から活躍の場を奪わないでほしい」では、むしろ「吉田調書」を見せることを社の幹部にも秘匿した姿勢を評価しています。

＊1: http://digital.asahi.com/articles/ASG9C6F64G9CUTIL055.html

質問1　なぜ御社は「『命令違反で撤退』という記述と見出しは裏付けがない」と断定されているのでしょうか。海渡雄一論文「ＰＲＣ見解—事実と推測の混同」（『いいがかり　原発「吉田調書」記事取り消し事件と朝日新聞の迷走』収録）では、記事は一次資料とも合致し、裏取りをしていることが読み取れます。御社役員と編集幹部が「裏付けがない」と断定されるからには、記事の裏付けにした一次資料が間違っているということになり、東京電力や国が一次資料の改ざん・捏造をしたことになり、大きな問題になります。「裏付けがない」と断定された、その根拠を具体的にお示しください。

質問2　「多くの所員らが吉田所長の命令を知りながら第一原発から逃げ出したような印象を与える」とありますが、私たち読者の会はそのような印象を受けていません。記事はむしろ、極めて深刻な混乱のなかで、原子炉の制御が不能に陥った事態が発生し、原子力という巨大な科学技術は人の手で扱えるものなのか、という本質的な議論を提示したと受け止めています。「多くの所員らが吉田所長の命令を知りながら第一原発から逃げ出したような印象」を与えたとあるのは、何を根拠にしてそう認定されたのでしょうか。私たち読者の会はそのような印象を受けておりません。御社が一方的に私たちの抱く〝印象〟まで決めつけるのは極めて不愉快なことです。「逃げ出したような印象」と決めつけた根拠となるデータを具体的にお示しください。

質問3　社長記者会見について報じた記事（朝日新聞デジタル）の「取材源の保護に気をつかうあまり情報を共有していた記者が少なく、チェック機能が十分働かなかったことなどが原因」とありますが、今後御社は極秘資料を記者が入手した際に、その極秘資料を編集幹部らにも閲覧・提供等をさせるという方針をとるということでしょうか。あらためて御社の方針をお聞かせください。

質問4　今後御社は極秘資料を記者が入手した際に、その極秘資料を編集幹部らにも閲覧・提供等をさせるとするなら、今後様々な人たちが安心して御社に対し、内部資料などの情報提供を躊躇するのではないかと憂慮します。御社発行の月刊誌『Journalism』（２０１４年12月号）でも、情報源秘匿の観点から「吉田調書」取材班のとった行動を評価する魚住昭論文が掲載されていますが、情報源の秘匿に対する御社の見解をお示しください。

Ⅴ 御社の対応について

御社は2014年12月5日の新社長の就任会見で[*1]、「それでも間違えてしまった際には、誤りを速やかに改め、それをわかりやすい形で丁寧にお伝えする工夫をいたします」と宣言しています。

また御社は上記の社長会見で「車座集会や対話集会を全国各地で開催します」と公表し、「私が先頭に立って、継続的に開催します」と宣言しています。

＊1：http://digital.asahi.com/articles/ASGD564ZJGD5UEHF046.html

質問1　「吉田調書」記事を取り消すに当たって示した御社の見解や対応をめぐる記事やPRC（朝日新聞社「報道と人権委員会」）見解で事実の誤りがあった場合は、「就任会見」で示されたとおり速やかに紙面やデジタル版で訂正していただけると理解しております。その方針でよろしいでしょうか。

質問2　車座集会や対話集会は、既に開催されているのでしょうか。もし開催されているなら、いつ、どこで開催し、どういう方々がどのくらい参加されたかをお教えください。また、その呼びかけは、誰が、誰に対して、どのような形で行われたのかも教えてください。

質問3　私たち読者の会としては、こうした車座集会や対話集会の開催を高く評価していますが、未だその開催や募集の呼びかけを耳にしていません。今後の開催について、私たちはどうすれば参加することができるのでしょうか。その方法をお教えください。

Ⅵ 記者の処分について

御社は2014年11月28日に、関係者の処分を発表しています[*1]。出稿した特別報道部の市川誠一・前部長を停職1カ月、編集部門を統括した市川速水・前ゼネラルマネジャー兼東京報道局長、渡辺勉・前ゼネラルエディター兼東京編成局長、出稿を担当した前特別報道部次長の3人を停職2週間、取材チームの前特別報道部員と前デジタル委員を減給としました。2ヶ月以上前の9月11日の社長会見[*2]では、木村伊量前社長は「関係者を厳正に処分します」と述べています。

また『「命令違反で撤退」という表現を使ったため、多くの東電社員の方々がその場から逃げ出したかのような印象を与える間違った記事』と述べています。さらに、「吉田調書」報道に新聞労連が特別賞を贈ったことを伝えた2015年1月10日朝刊「新聞労連大賞に沖縄の2社[*3]」でも「朝日新聞社は記述と見出しに誤りがあったとして記事を取り消している」と記述しています。このことから、朝日新聞社は、記事とともに見出しについても瑕疵があったとしています。

＊1：http://digital.asahi.com/articles/DA3S11480638.html

＊2：http://digital.asahi.com/articles/DA3S11346598.html

＊3：http://digital.asahi.com/articles/DA3S11543554.html

質問1　11月29日朝刊で御社は、同月28日「吉田調書」報道で5月20日付朝刊の記事を取り消したことに伴い、「6人の処分を決めました」と発表しています。しかし、2ヶ月以上前の9月11日の社長会見で「関係者を厳正に処分」とまで言及していました。この木村伊量社長の発言の根拠は何でしょうか。

質問2　御社が審理を申し立てた「報道と人権委員会（PRC）」の結論が出る前に、木村社長が「厳正に処分」すると発言したことは、正式な手続きを踏んだものではなく勇み足ではないのでしょうか。

質問3　御社では、朝日新聞の題字下に「本日の編集長」として、紙面責任者の名前を明示されています。私たち読者の会は、その編集長が紙面に責任を持っている方だと信じて読んでいますが、「本日の編集長」はどのような権限と責任を持っている役職なのでしょうか。

質問4　2014年5月20日朝刊を見ると「本日の編集長」として中島靖氏の名前が記載されています。ところが発表された処分者の中には中島氏の名前は見当たりません。どうしてでしょうか。

以上

※回答期限は4月25日であったが、朝日新聞社広報部から期限を延長して欲しいとの電話があり、交渉の末、1週間延ばすことで合意した。

②2015年4月13日発送のPRC宛の文書

朝日新聞社報道と人権委員（PRC）宛に郵便・Eメールで発信する。

朝日新聞社 報道と人権委員会

委員　長谷部恭男様　宮川光治様　今井義典様

「福島原発事故・吉田調書」報道に関する見解への質問

原発「吉田調書」報道を考える読者の会

「朝日新聞」２０１４年5月20日の「吉田調書」報道をめぐり、朝日新聞社が同年9月11日に記事を取り消した措置は、朝日新聞の読者をはじめとして同社の記者や社員をも裏切る行為であり、朝日新聞の信用を著しく毀損する事態を招いてしまいました。

私たち、原発「吉田調書」報道を考える読者の会（以下、読者の会）は、こうした事態を招いた同社役員および編集幹部の対応に、読者として極めて深い憂慮の念を抱いております。長年、朝日新聞を支えている私たち読者としては、同社役員および編集幹部の一連の行為が、報道機関としての責任を放棄し「吉田調書」報道の本質を隠蔽するものだとつよく確信するにいたりました。

なかでも、私たち読者の会が本件において看過できないことのひとつとして、この間の経緯の中で貴「朝日新聞社 報道と人権委員会」（以下、貴委員会）の果たしてきた役割があります。それは、貴委員会の「見解」が、朝日新聞社の記事取り消し措置を追認し、あたかも正当性を与えるような錯覚を世間に広める結果をもたらしてきたからです。

事実と乖離した貴委員会の不可解な見解については、私たちが指摘するまでもなく既に様々なメディアに掲載された論文や記事、さらには書籍などで批判されています。しかしながら、貴委員会は現在に至っても尚、そうした意見に耳を傾けることもなく、ひたすら沈黙したままです。

私たち読者の会は、そうした貴委員会の不誠実な対応こそが問題であり、言論界に生きる人間として恥ずべきことと強く感じています。

以下は、貴委員会の見解の中でも特に不可解で理解できないばかりか、事実に対して正確とは思えない箇所を取り上げ、質問をさせて頂きます。貴委員会としては、これらの質問に対して真摯にお答えいただきたく、よろしくお願いいします。

まことに勝手ながら4月24日午後5時までに、下記連絡先まで、文書にてご回答をお寄せくださいますようお願い申しあげます。なお、貴委員会とのやりとりはすべて公開を前提にしていることを予めご承知願います。

私たちが問題と受け止めている貴委員会の見解要旨

※アンダーラインは当会が記載

・第一に、一面記事は「所長命令に違反　原発撤退」の横見出しと、「福島第一所員の9割」の縦見出しにあるように所長命令に違反して所員の9割が撤退したとの部分を根幹としており、前文はそれに沿う内容となっているところ、「所長命令に違反」したと評価できるような事実は存在しない。裏付け取材もなされていない。

・第二に、「撤退」という言葉が通常意味するところの行動もない。「命令違反」に「撤退」を重ねた見出しは、否定的印象を強めている。

・第三に、吉田調書にある「伝言ゲーム」などの吉田氏の発言部分や「よく考えれば福島第二原子力発電所に行った方がはるかに正しいと思った」という発言部分は掲載すべきであったのに割愛されており、読者に公正で正確な情報を提供する使命にもとる。

・第四に、二面記事にも問題がある。「葬られた命令違反」の横見出しの下における吉田氏の判断（「福島第一の近辺で所内に関わらず、線量の低いようなところに一回退避して次の指示を待て」という指示の前提となった判断）に関するストーリー仕立ての記述は、取材記者の推測にすぎず、吉田氏が調書で述べている内容と相違している。読者に誤解を招く内容となっている。

以上を総合すると、当委員会は、朝日新聞社が9月11日、当該記事について「多くの所員らが所長の命令を知りながら第一原発から逃げ出したような印象を与える間違った表現のため記事を削除した」措置は妥当であったと判断する。

・吉田氏は調書で「福島第一の近辺で、所内に関わらず、線量の低いようなところに一回退避して次の指示を待てと言ったつもり」と述べているが、それは①東京電力柏崎刈羽原子力発電所の所員がテレビ会議を見ながら発言を分単位で記録した時系列メモ（柏崎刈羽メモ）が、6時42分の欄に「構内の線量の低いエリアで退避すること。その後本部で異常でないことを確認できたら戻ってきてもらう」との吉田氏の発言を記録していること、②東電本店が午前8時35分の記者会見で「一時的に福島第一原子力発電所の安全な場所などへ移動開始しました」と発表していることなどから、「近辺」か「構内」かの相違はあるが、裏付けられる。

しかし、吉田調書を検討すると、①吉田氏の指示は所員に的確に伝わっていなかったのではないか、そもそも「第一原発近辺にとどまれ」との指示を発した態様には問題があるのではないか、さらには②そうした指示が妥当であったのか、という疑問が生ずる。

・6時42分、吉田氏はテレビ会議で、これまでと異なる内容の指示を発した。その時点では、すでに退避に向けた行動が始まっており、免震重要棟の緊急時対策室は騒然としていたと見られる一方、吉田氏は、周囲に対し、これまでの命令を撤回し、新たな指示に従うようにとの言動をした形跡は認められない。

吉田氏の指示が所員の多くに的確に伝わっていた事実は認めることができない。また、すでに第二原発への退避行動が進行している最中における重大な計画変更であるから、通常は計画の変更を確実に伝えるため、何らかの積極的な言動があるべきであると思われるが、そのような事実も認められない。

・所員が第二原発に行ったことを肯定しており、第一原発やその近辺への退避指示は適切ではなかったことを認めている。

・命令とは「上位の者が下位の者に言いつけること。また、その内容」(「広辞苑」第6版)をいう。以上のように、吉田氏の指示は的確に所員に伝わっていなかったとみるべきである(裏付け取材もなされていない)。さらに極めて趣旨があいまいであり、所員が第二原発への退避をも含む命令と理解することが自然であった。したがって、実質的には、「命令」と評することができるまでの指示があったと認めることはできず、所員らの9割が第二原発に移動したことをとらえて「命令違反」と言うことはできない。本件記事の見出しは誤っており、見出しに対応する一部記事の内容にも問題がある。

・約650人が第二原発に移ったと言っても、第一原発には吉田氏たち69人が残っており、本部機能はまだ第一原発にあった。そして、いったん第二原発に移動した所員らの相当数が正午以降に第一原発に戻っている。

・記事の根幹部分は一、二面で横見出しとなった「所長命令に違反原発撤退」「葬られた命令違反」に沿う内容となっているところ、そのような事実は、取材で裏付けられた客観的な事実としては認めることはできなかった。さらに、取材記者の推測が事実のように記載されている部分もあった。取材は尽くされておらず、公正性と正確性に問題があったといわざるを得ない。

質問1　貴委員会は、吉田所長の「福島第一の近辺で、所内に関わらず、線量の低いようなところに一回退避して次の指示を待て」という内容の命令があったか否かは、吉田調書とテレビ会議を記録した「柏崎刈羽メモ」及び東電発表という「客観的物証」のあることを認めている。この「事実」は、吉田所長命令とその内容を「裏付ける」ものではないのか。この「事実」を否定する物証等があるならば、具体的にお示し頂きたい。

質問２　貴委員会は、「吉田氏の指示は所員に的確に伝わっていなかった」ことを理由に、「実質的には命令ではない」としている。しかし、一般所員に伝わっていないということは「命令」の結果であって、「命令」そのものを否定することには当たらないと思うが、貴委員会の見解をお聞かせ願いたい。

質問３　現場の当事者でもなく専門家でもない貴委員会が「指示が妥当であったのか否か」を評価するのは妥当ではないと考える。貴委員会の「指示の内容」の妥当性評価によって、所長指示（命令）を無かったことにするのは「事実」を曲げることではないのか。貴委員会の見解を問う。

質問４　時の福島原発爆発事故における事故対応の現場の最高決定機関は、緊急時事故対策室におけるテレビ会議であり、まずはそこでの指示が最高の命令形態である。従って、テレビ会議における現場最高責任者である吉田所長の指示（命令）は、その会議に参加していた幹部社員およびテレビ中継を見ていた中堅社員や一般所員にも伝わっていると受け止めているが、貴委員会の認識と見解をお聞かせ願いたい。

質問５　貴委員会は、一般所員に吉田所長命令は伝わっていなかったと言っているが、何を根拠として「伝わっていない」と断言するのか。そこまで断言するための具体的根拠を示してもらいたい。

質問６　貴委員会は、「（命令の）極めて趣旨があいまいであり、所員が第二原発への退避をも含む命令と理解することが自然であった」としているが、当時の命令内容に「第二原発への退避を含む」とする所長発言はどこにあるのか。吉田所長命令のどこが曖昧なのか。貴委員会の解釈ではなく具体的事実を指摘願いたい。

質問７　貴委員会は、後日作成された吉田調書の中で、吉田所長自身が「良く考えれば第二原発に行った方がはるかに正しいと思ったわけです」と証言していることを理由に、所員の第二原発行きは肯定され命令違反ではないと言っている。つまり当時に命令違反があっても、後日にその内容が訂正されれば、命令違反の「事実」は無くなるということか。

質問８　貴委員会は、「いったん第二原発に移動した所員らの相当数が正午以降に第一原発に戻っている」と認定しているが、東京電力のテレビ会議によると、16日になっても８割以上の所員が第一原発に戻っておらず、収束作業に支障を来しているとのやりとりが記録されており（『いいがかり』収録の海渡雄一論文「ＰＲＣ見解―事実と推測の混同」参照）、貴委員会の認定とは明らかに食い違う事態が発生していることが記録されている。貴委員会が「戻っている」とした認定の根拠をお示しいただきたい。

質問９　貴委員会は「本部機能はまだ第一原発にあった」と認定しているが、本部機能とはどのような定義でお使いになっているのか。単に人がいたということだけを指しているのか。その見解をお示しいただきたい。

質問10　東京電力は3月15日午前7時25分に発した国への通報連絡文書（異常事態連絡様式）で、第一原発の対策本部を第二原発に移動する旨を通報している。極めて重要な指示が吉田所長名で発せられている（『いいがかり』収録の海渡雄一論文「ＰＲＣ見解―事実と推測の混同」参照）。貴委員会は、この事実をどう判断、評価しているのか。その判断や評価した根拠も併せてお示しいただきたい。

以上

③２０１５年４月13日発送のＰＲＣ宛の文書への回答

朝日新聞社　報道と人権委員会事務局より、４月13日に原発「吉田調書」報道を考える読者の会が送った質問書に対する回答が郵便で送られてくる。

原発「吉田調書」報道を考える読者の会 殿

朝日新聞社 報道と人権委員会事務局

〒１０４-８０１１ 東京都中央区築地５の３の２

朝日新聞社内

冠省　貴殿から当委員会委員宛に４月13日付での質問書面をいただきました。回答を求められましたので、当委員会として次のようにお答えさせていただきます。

本件については、申立人でない貴殿には回答いたしかねます。

なお、当委員会としては十分な調査・審理を尽くした上で、結論を２０１４年11月12日付の見解としてまとめています。

草々

④２０１５年４月13日発送の朝日新聞経営陣宛の文書への回答

朝日新聞社広報部より原発「吉田調書」報道を考える読者の会宛に、４月13日に送付した質問書に対する回答が、５月２日に郵便とファックスで受領する。

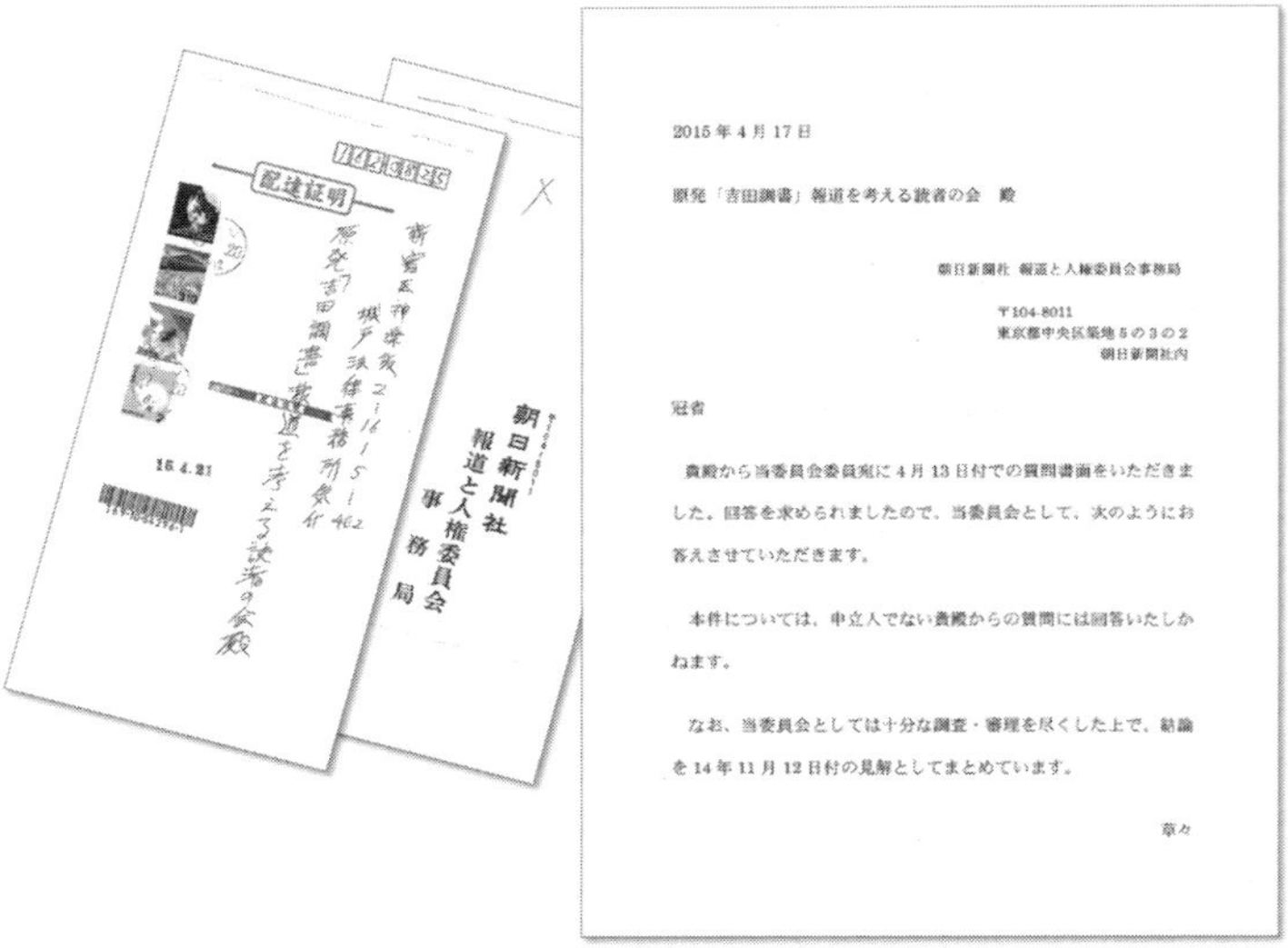
配達証明
朝日新聞社
報道と人権委員会
事務局
2015年4月17日
原発「吉田調書」報道を考える読者の会　殿
朝日新聞社 報道と人権委員会事務局
〒104-8011
東京都中央区築地5の3の2
朝日新聞社内
冠省
貴殿から当委員会委員宛に4月13日付での質問書面をいただきました。回答を求められましたので、当委員会として、次のようにお答えさせていただきます。
本件については、申立人でない貴殿からの質問には回答いたしかねます。
なお、当委員会としては十分な調査・審理を尽くした上で、結論を14年11月12日付の見解としてまとめています。
草々

原発「吉田調書」報道を考える読者の会 御中
朝日新聞社広報部
電話03（5540）7617
ファックス03（3543）8778

拝復　4月13日付で弊社代表取締役社長らにあてていただいたご質問に、弊社の対外的窓口である広報部からお答えします。

弊社は、東京電力福島第一原発事故の政府事故調査・検証委員会が作成した、いわゆる「吉田調書」を独自に入手し、2014年5月20日付朝刊で報じた記事を取り消しました。この対応の理由や経緯は紙面や朝日新聞デジタルに掲載しております。今回、質問をいただきましたので、記事を取り消した理由についてお応えいたします。

記事は、吉田所長の発言を紹介するとともに、苛酷な事故の教訓を引き出し、政府に全文公開を求めるという内容でした。その前文に「東日本大震災4日後の3月15日朝、第一原発にいた所員の9割にあたる約650人が吉田氏の待機命令に違反し、10キロ南の福島第二原発へ撤退していた」とありました。

この記事は「吉田調書」「複数ルートから入手した東電内部資料の時系列表」「東電本店の記者会見内容」などを主な根拠にして書かれています。しかし、こうした記事を書く場合、福島第一原発から福島第二原発に移動した当事者に取材するなどして事実関係を確認する作業が必要だったと考えています。社内で精査した結果、記事を掲載した段階で、移動した社員から記事の根幹である「命令違反で撤退」という表現を裏付けるのに十分な証言が得られていなかったことが分かりました。また、掲載後も、記事取り消しに至る間に裏付ける証言は得られず、逆に吉田所長の指示を聞いていないという証言がありました。

こうした状況を踏まえ、当該の記事は多くの東電社員の方々が吉田所長の指示を知っていたにも拘らず、福島第一原発から逃げ出したかのような印象を与える間違った記事だとし、取り消す判断をしました。

一方、記者が、政府が非公開とし、入手困難だった調書を手に入れ、世に出したことは、弊社としても評価していることを申し添えます。

回答は、以上です。宜しくお願いいたします。　敬具

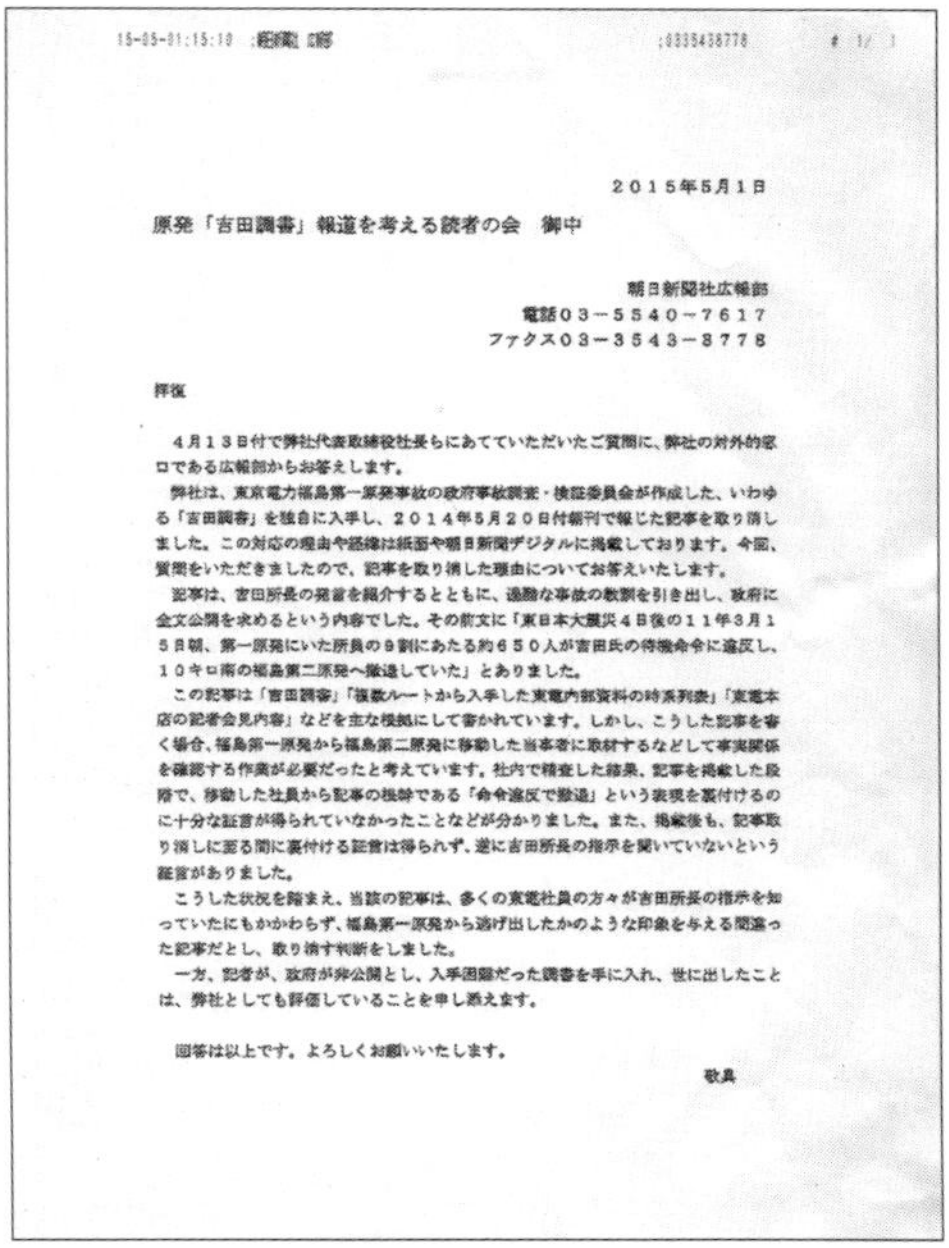
15-05-01;15:10 ;0335438778 # 1/ 1

２０１５年５月１日

原発「吉田調書」報道を考える読者の会　御中

朝日新聞社広報部
電話０３－５５４０－７６１７
ファクス０３－３５４３－８７７８

拝復

４月１３日付で弊社代表取締役社長らにあてていただいたご質問に、弊社の対外的窓口である広報部からお答えします。

弊社は、東京電力福島第一原発事故の政府事故調査・検証委員会が作成した、いわゆる「吉田調書」を独自に入手し、２０１４年５月２０日付朝刊で報じた記事を取り消しました。この対応の理由や経緯は紙面や朝日新聞デジタルに掲載しております。今回、質問をいただきましたので、記事を取り消した理由についてお答えいたします。

記事は、吉田所長の発言を紹介するとともに、過酷な事故の教訓を引き出し、政府に全文公開を求めるという内容でした。その前文に「東日本大震災４日後の１１年３月１５日朝、第一原発にいた所員の９割にあたる約６５０人が吉田氏の待機命令に違反し、１０キロ南の福島第二原発へ撤退していた」とありました。

この記事は「吉田調書」「複数ルートから入手した東電内部資料の時系列表」「東電本店の記者会見内容」などを主な根拠にして書かれています。しかし、こうした記事を書く場合、福島第一原発から福島第二原発に移動した当事者に取材するなどして事実関係を確認する作業が必要だったと考えています。社内で精査した結果、記事を掲載した段階で、移動した社員から記事の根幹である「命令違反で撤退」という表現を裏付けるのに十分な証言が得られていなかったことなどが分かりました。また、掲載後も、記事取り消しに至る間に裏付ける証言は得られず、逆に吉田所長の指示を聞いていないという証言がありました。

こうした状況を踏まえ、当該の記事は、多くの東電社員の方々が吉田所長の指示を知っていたにもかかわらず、福島第一原発から逃げ出したかのような印象を与える間違った記事だとし、取り消す判断をしました。

一方、記者が、政府が非公開とし、入手困難だった調書を手に入れ、世に出したことは、弊社としても評価していることを申し添えます。

回答は以上です。よろしくお願いいたします。

敬具

⑤２０１５年４月17日受領のＰＲＣ回答への再要請文書

朝日新聞社 報道と人権委員会事務局より、原発「吉田調書」報道を考える読者の会宛に送られてきた回答に対して、5月2日に再回答を求める文書および質問状をＰＲＣ委員3名の所属先（法律事務所・大学等）へ郵送する。

朝日新聞社 報道と人権委員会

委員　長谷部恭男様　　宮川光治様　　今井義典様

「報道と人権委員会」委員への質問

原発「吉田調書」報道を考える読者の会

4月17日付けで「報道と人権委員会」事務局より「中立人ではない貴殿からの質問には回答いたしかねます」との応答を頂きましたが、全く理解し難いものであり承服できません。

この応答は事務局名で来ておりますが、私たちは事務局

に質問したわけではありません。
改めて委員お三方からの回答を求めます。
※質問書は、前回送付したものと同一につき省略します。以上

⑥2015年5月2日受領の広報部回答への再要請文書

朝日新聞社広報部より、5月2日に原発「吉田調書」報道を考える読者の会宛に送られてきた回答（5月1日付回答）に対して、5月3日に再回答を求める文書を郵送する。

朝日新聞社代表取締役社長　渡辺雅隆様
同代表取締役会長　飯田真也様
同取締役編集担当　西村陽一様

「福島原発事故・吉田調書」報道記事取り消しに関する質問について

原発「吉田調書」報道を考える読者の会

5月1日（金）、朝日新聞広報部名での回答を受け取りました。

このたび御社より受け取りました回答は、私たち「原発『吉田調書』報道を考える読者の会」が4月13日に送らせていただいた質問に対する誠実な回答とは考えられません。

私たち読者の会は、4月24日に御社広報部のご担当者から「回答を延ばしてほしい」との相談を受けた際に、「真摯な回答をいただけるなら」という条件を出した上で回答期限の延長を承諾いたしました。

しかし、このたびの御社の回答からは、読者と真摯に向き合おうという姿勢が伺えず、深い憂慮を覚えざるを得ません。

また御社広報部よりご連絡いただいた際、先にPRC（朝日新聞社報道と人権委員会）より「申立人ではないので回答はいたしかねる」との不誠実な対応を受けた件に関して、「申立人である朝日新聞社から回答するよう伝えて欲しい」との要望をお伝えし、その旨ご了解いただいたにもかかわらず、その結果について何もご回答いただけませんでした。

御社は、渡辺雅隆朝日新聞社代表取締役社長の就任に際して『就任にあたって』を公表し「断行すべき改革にむけての5つの具体策や指針」を明らかにしています。

御社が公にした『就任にあたって』によると、その「具体策や指針」として、まず「読者のみなさま、お客様の声に謙虚に耳を傾け続けます」という基本姿勢が掲げられています。続けて「多様な意見を反映し、これまで以上に開かれたメディアをめざします。考え方の異なる主張も掲載

し、開かれた言論の広場の役割を果たしていきます。双方向性を強く意識し、読者のみなさまと議論を深めていく姿勢を大切にします」との指針が述べられ、さらに「それでも間違えてしまった際には、誤りを速やかに改め、それをわかりやすい形で丁寧にお伝えする工夫をいたします。同時に、公正な記事にするために、社外の視点をどう生かせるかも検討します」との具体策も示されています。

私たち読者の会は、こうした御社の改革に向けた取り組みこそ公共性を有する新聞社が示すべき基本姿勢であると考え、その「具体策や指針」の実行を求めて、先の質問書を提出した次第です。

このたび御社より受け取った回答は、御社が渡辺雅隆新社長の就任にあたって公表された上記の基本姿勢と、あまりにも乖離した内容ではないでしょうか。

改めて、先に送らせていただいた私たち読者の会の質問書をお読み直しいただき、御社自らが公表した「具体策や指針」に基づいた誠意ある姿勢をもって、具体的に一つひとつの質問項目に対するご回答を、文書にて5月15日（金）17時までにいただけるようここに求めます。

私たち読者の会は、戦前の言論統制を思わせる今日の混沌とした政治状況の中で、朝日新聞の将来に対して大変危惧を抱いています。

御社が掲げられる行動規範の中では「私たちは、新聞づくりの理念を定めた朝日新聞綱領にのっとり、高い倫理観をもち、言論・報道機関としての責務を全うすべく努力します。国民の知る権利に応えるため、いかなる権力にも左右されず、言論・表現の自由を貫き、新聞をはじめ多様なメディアを通じて公共的・文化的使命を果たします」と謳われていますが、私たち読者の会へのご回答もいかなる権力に恐れることなく、真摯にお答えいただけますよう、重ねてお願い申し上げます。

以上

※質問書は、前回送付したものと同一のため省略します。

⑦2015年5月14日受領の朝日新聞社広報部からの回答文書

5月3日に朝日新聞社広報部へ郵送した再回答を求める文書に対して、5月14日にファックスで再回答文書が送られてくる。

朝日新聞広報部

原発「吉田調書」報道を考える読者の会　御中

拝復　5月3日付で弊社代表取締役社長らにあてていただいた書面について、社の対外窓口である広報部から返信致します。

今回、新たな書面を拝読するとともに、改めて、貴会からの4月13日付質問書を読み直させていただきました。

5月1日付でお送りした回答書の内容についても改めて検討いたしましたが、弊社としては、その時点で4月13日付質問書に示された貴会のみなさまのご見解、ご趣旨を踏まえて回答し、当方の考えを説明させていただきましたので、さらに付け加えることなどはありません。

ご理解を賜りますよう、宜しくお願い申し上げます。

敬具

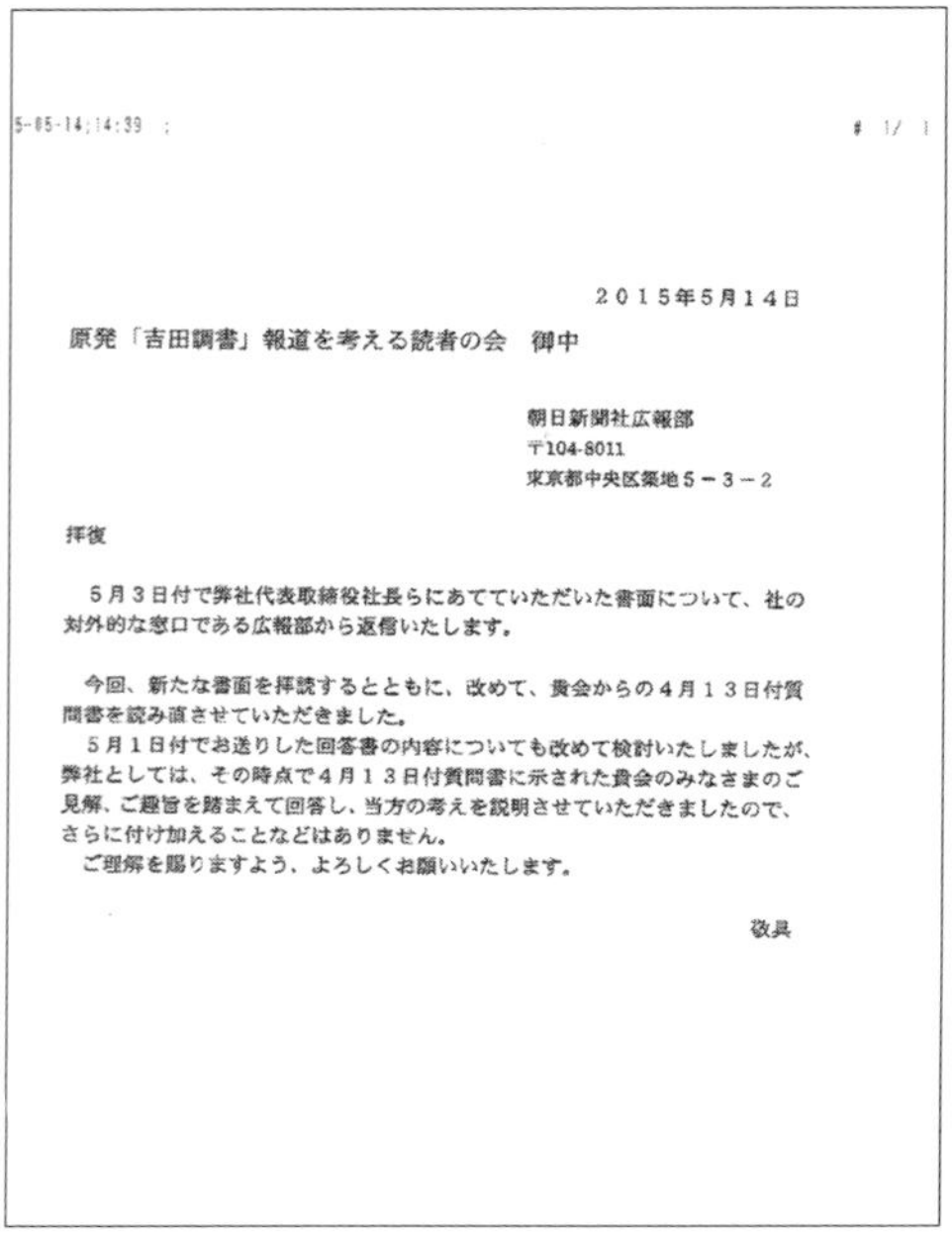

5-05-14;14:39 ;　　# 1/ 1

２０１５年５月１４日

原発「吉田調書」報道を考える読者の会　御中

朝日新聞社広報部
〒104-8011
東京都中央区築地５－３－２

拝復

５月３日付で弊社代表取締役社長らにあてていただいた書面について、社の対外的な窓口である広報部から返信いたします。

今回、新たな書面を拝読するとともに、改めて、貴会からの４月１３日付質問書を読み直させていただきました。
５月１日付でお送りした回答書の内容についても改めて検討いたしましたが、弊社としては、その時点で４月１３日付質問書に示された貴会のみなさまのご見解、ご趣旨を踏まえて回答し、当方の考えを説明させていただきましたので、さらに付け加えることなどはありません。
ご理解を賜りますよう、よろしくお願いいたします。

敬具

⑧２０１５年５月17日に発送した朝日新聞社経営陣への説明会開催の要請文書

回答をはぐらかす朝日新聞社経営陣へ、質問への回答を迫る説明会開催の要望書を5月17日に郵送する。

朝日新聞社代表取締役社長　渡辺雅隆様
同代表取締役会長　飯田真也様
同取締役編集担当　西村陽一様

私たちの質問に対する「御社回答の説明会」開催のお願い

原発「吉田調書」報道を考える読者の会

私たち原発「吉田調書」報道を考える読者の会（以下、読者の会）は、「吉田調書」記事を取り消した御社経営幹部と編集幹部の判断は誤っていると考えています。したがって、御社が「取り消し」を撤回することこそが、朝日新聞の真の再生につながると考えます。

私たち読者の会は、こうした誤った対応の根拠にしている御社の見解や、報道と人権委員会（ＰＲＣ）の見解には、見逃せない事実誤認が含まれていると考えています。

そのため、私たちは4月13日付で、御社とＰＲＣに対して、見解をただす公開質問状を出しました。それに対し、回答期限を一週間延期したうえで御社からは、5月1日にお返事をいただきまた。それは回答にもならない内容で私たちは愕然としました。

このため、私たち読者の会は御社とＰＲＣに対して、誠実な対応を促すために、再度、回答要請をおこないました。しかしながら、残念なことに御社広報部から5月14日にいただいたお返事は、前回のお返事が「これが回答」というものでした。

渡辺雅隆社長が社長就任にあたって決意表明したことは〝読者の皆様、お客様の声に謙虚に耳を傾け続けます〟ということでしたが、これは嘘だったのでしょうか。

私たちは、今回の御社からの回答は、とても回答とは思えません。御社が「これが回答」という意味が理解できません。

私たちは、なぜこれが回答と言えるのかを理解できるよう、ご説明していただきたく、そのような場を設けていただきたいと思っています。

日時および場所の設定は御社におまかせいたします。ぜひとも〝読者の皆様、お客様の声に謙虚に耳を傾け、ていねいなご説明〟をお願いいたします。

なお、回答は5月25日（月）午後5時までにお願いいたします。

⑨２０１５年5月29日に発送した朝日新聞社パブリックエディターへの経緯説明および「取り消し」の取り消しを要請する文書

朝日新聞社は4月1日付で、朝日新聞の報道に社外の声を反映させる仕組みとしてパブリックエディター（ＰＥ）制度を発足させた。そのメンバーである季刊誌「考える人」（新潮社）編集長の河野通和、タレント・エッセイストの小島慶子、元ＮＨＫキャスターの高島肇久、社内ＰＥ準備責任者の中村史郎の各氏宛へ、この間の経緯説明および取り消された原発「吉田調書」報道記事の取り消しを要請する文書を5月29日に郵送する。

朝日新聞・パブリックエディターの皆さまへ

原発「吉田調書」報道を考える読者の会

「朝日新聞」２０１４年5月20日朝刊の「吉田調書」報道をめぐり、同年9月11日の朝日新聞社役員および編集幹部が選択した記事の取り消し措置は、朝日新聞の読者を始め、同社の記者や社員をも裏切る行為であり、朝日新聞の信用を著しく毀損する事態を招いてしまいました。

私たち原発「吉田調書」報道を考える読者の会（以下、読者の会）は、こうした事態を招いた同社役員および編集幹部の対応に、読者として極めて深い憂慮の念を抱いております。長年、朝日新聞の報道を支えている私たち読者としては、同社役員および編集幹部の一連の行為が、報道機関としての責任を放棄し「吉田調書」報道の本質を隠蔽するものだと強く確信するにいたりました。

幸いなことに、同社は「朝日新聞記者行動基準（２０１４年３月１日改定）」を定め、そのなかで「読者への説明」と題し、「記者は、読者の声に誠実に耳を傾ける。読者の疑問や批判にできる限りこたえ、行動や報道・評論が読者や社会に理解され、支持されることを目指す」と高らかに謳っています。

ならば同社には、この「基準」が空疎な美辞麗句ではないことを、証明する責任があります。

私たち読者の会は、私たちが抱いている数々の疑問について説明を求め、同社役員および編集幹部宛の質問書を送りました（本年４月13日）。また、朝日新聞の記事取り消しを追認した報道と人権委員会（ＰＲＣ）に対しても、同様に質問状を発しました。

私たち読者の会は、朝日新聞があらゆる読者の信頼に足る報道機関であることを目指し、また再生することを願いつつ、様々な行動を起こしながら「福島原発事故・吉田調書」合同記事の事実究明を図り、先に下された「福島原発事故・吉田調書」報道記事の取り消しの取り消しを求めていきたく考えております。

なお、私たち読者の会の朝日新聞社に対する「福島原発事故・吉田調書」報道記事の取り消しの取り消しを求めたやり取りの経緯につきましては、今後同時にWebサイトやfacebook等のSNSを通じて、多くの皆様とも共存していきたく考えております。皆様方におかれましても、ご指導・ご支援を賜りますよう、重ねてお願い申し上げます。

⑩２０１５年11月27日に発送した朝日新聞社・編集部門の最終責任者への質問状に対する回答の要請文書

朝日新聞の紙面最終責任者である長典俊ゼネラルエディター（ＧＥ）に対して、質問への回答を求める文書を郵送する。

長典俊ＧＥへの質問と要請

朝日新聞社、紙面の最終責任者である長典俊ＧＥへ質問と要請をいたします。

長ＧＥは、２０１５年10月15日付「朝日新聞は変わりましたか　池上彰さんと語る」の中で『一連の問題の反省から三つの基本方針を立てました。一つ目は事実と論評を分ける。二つ目はこれまで以上に読者や社会に耳を傾ける。三つ目は訂正欄を設け、過ちは素直に認めて読者に説明する。』と語っています。

私たち原発「吉田調書」報道を考える読者の会（以下、読者の会）は、朝日新聞社に対して「吉田調書報道取り消し」に関して再三再四質問と要請を行っておりますが、まともな回答と説明を得られておりません。再質問、再々質問、再々再質問には返事さえありません。

私たち読者の会は、単純に「吉田調書報道」のどこが事実と反していたのか、誤報だったのか、何故、記事の取り消しを行ったのかを質問しているだけです。この事実について長ＧＥはご存じのことと思います。

これは紙面の最終責任者である長ＧＥの言われる「反省の基本方針三つ」、「事実」と「論評」についての確認と質問、私たち読者の声に耳を傾ける、私たち読者の確認と質問に説明をするは、実行されているとは言えないと思います。

如何でしょうか。長年の読者である私たちに対し、ぜひとも長ＧＥから誠実にお答えをしていただきたいと思います。それと並行して朝日新聞社上層部にも「反省の基本方針三つ」の実行を進言して頂くことを要請いたします。

また、私たち読者の会の朝日新聞社への「質問と要請」には、長ＧＥの発言に関する質問があります。この部分の質問に関しては、長ＧＥご自身の言葉で語っていただくほかありません。長ＧＥに関する質問の部分を下記に再掲します。（質問は63頁を参照）

「読者の声に耳を傾ける」ということは、読者の疑問に誠実に答えるという行為を伴います。「過ちは素直に認め」ということも、読者の疑問に向き合うことから始まります。私たちの疑問に答えていただけない　ということは、過ちを認めながら読者を無視することだと思います。

迅速なご回答、説明を待っています。

長ＧＥは、対談の中で『対話集会で心に響いた言葉がありました。』と直接対話の有効性を述べておられます。もしご回答ができないのであれば、対話集会あるいは私たち読者の会との交流の場を設けて、その場で説明して頂けるように強く要請をいたします。

【その後の経緯について】

私たち読者の会は、朝日新聞社経営陣およびＰＲＣの各委員宛に、引き続き回答要請書を内容証明付きで発送しましたが、その後は申し合わせたように誰からも回答もしくはそれに代わる返事のたぐいを受け取ることはできていません。

新聞紙上やウェブサイトや社報等で、朝日新聞社の経営陣は再生を謳う中で「読者の声を聞きながら…」と言いつつも、私たちに対する実際の対応は無視を決め込み、まさに二枚舌を使っています。

　私たち読者の会は、今後もジャーナリストとしてあるまじき経営陣および編集幹部の欺瞞性を追及していくとともに、真のジャーナリズムを探求する朝日新聞社の社員のみなさまと熱く連帯していきたく考えています。

　朝日新聞社との間で、新たな折衝が行われたときには、私たち読者の会のウェブサイトやフェイスブックの頁にて逐一ご報告させていただきます。

　皆様方におかれましては、引き続きご覧いただきたくお願い申し上げます。

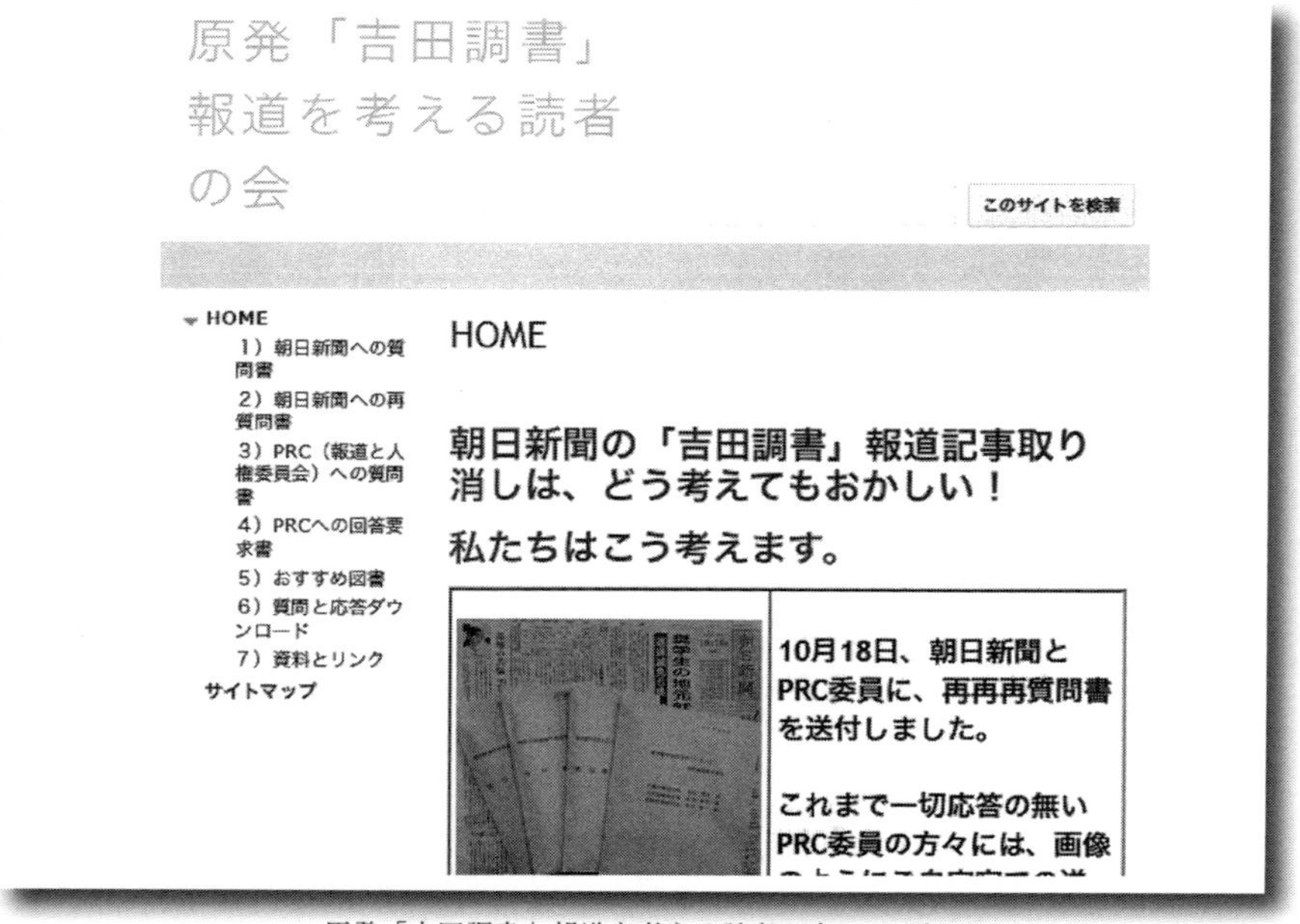

原発「吉田調書」報道を考える読者の会 web 頁より
Web の URL = https://sites.google.com/site/yoshidachoushokangaeru/home

原発「吉田調書」報道を考える読者の会 facebook 頁より
facebook の URL = https://www.facebook.com/yoshida.chousho.kangaeru

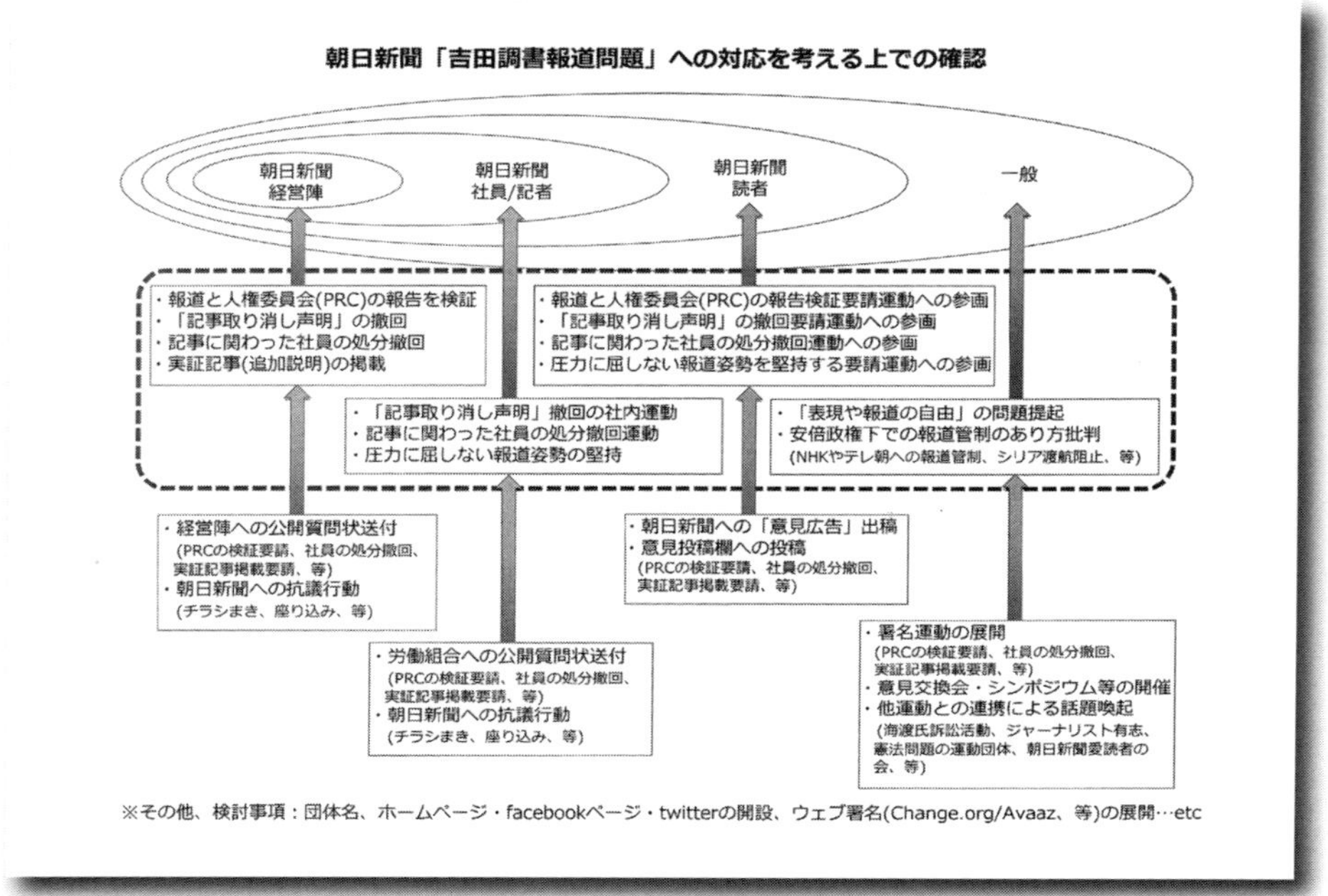

活動を立ち上げるにあたっての基本的な考え方

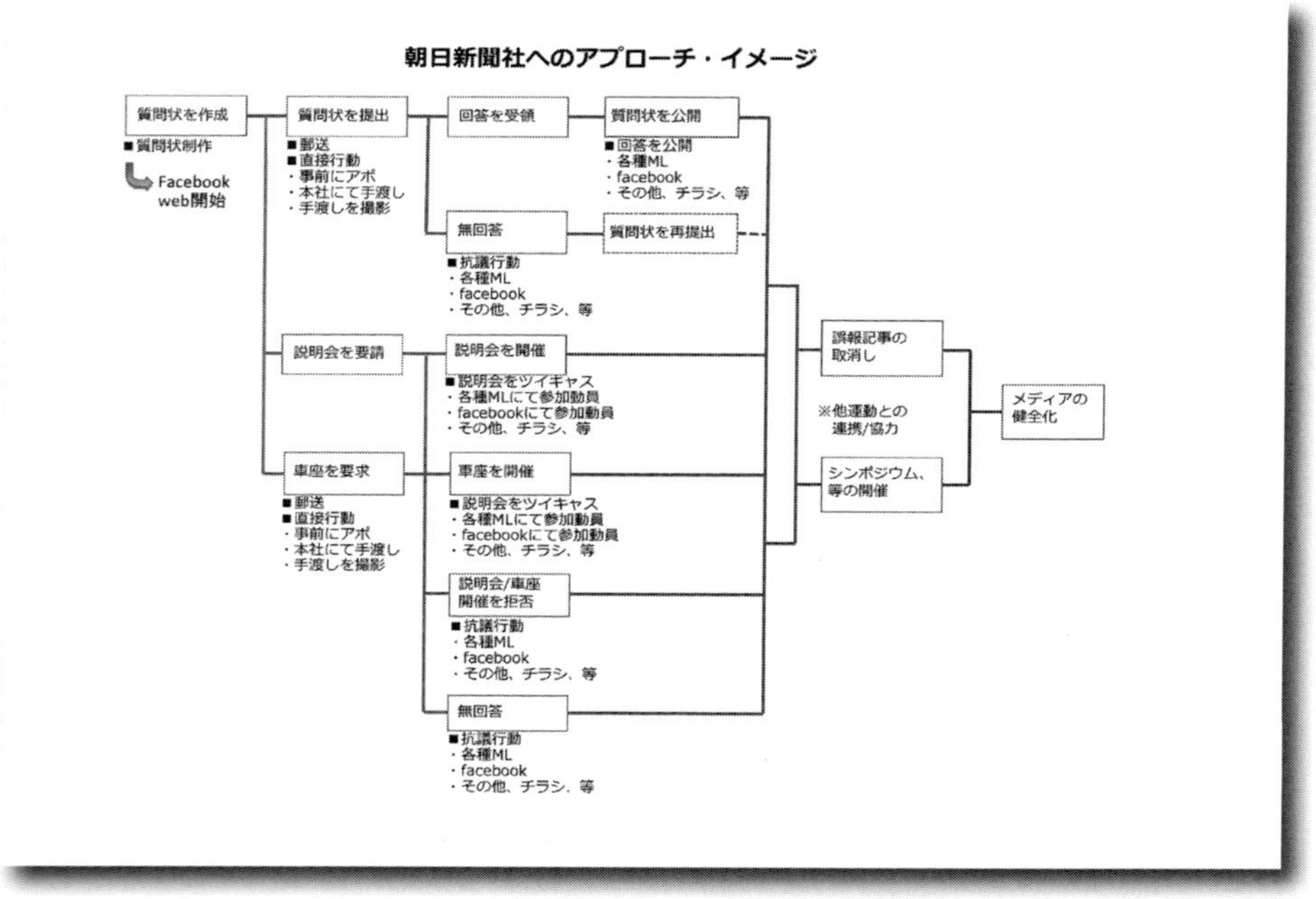

活動を立ち上げるにあたっての展開イメージ

おわりに◉本ブックレットをお読みいただいた方に
――朝日新聞へアクション参加のお願い

岡本達思（原発「吉田調書」報道を考える読者の会　共同代表）

話は、2014年9月末にさかのぼります。仲間たちと同窓会をしていた時のことでした。その席で、何人かの仲間から話が出たのが、9月初旬に朝日新聞社が記者会見で発表した原発「吉田調書」報道の〝記事取り消し〟問題でした。誰からともなく口にした「何か変じゃない?」「記事を取り消すほどのことじゃないだろ?」の言葉に、「誤報じゃないんでしょ、問題があったとしても単に表現上の問題でしょ」「これじゃ、記事を書いた記者がかわいそうだよね」「朝日新聞は何らかの圧力に屈したのかな?」……といった話で盛り上がったのです。

その年の5月20日に報道された朝日新聞朝刊一面トップの「吉田調書」スクープは、福島第一原発事故に関心を寄せる私たちには、とても衝撃的で興味のある報道でした。そして、そのスクープを契機に、ベールに包まれていた福島第一原発の爆発直後の〝真実〟が、堰を切ったようにあらゆるメディアから報道されるであろうことに期待を膨らませました。しかし、私たちの期待とは裏腹に、以後は週刊誌や雑誌がその報道に異を唱える記事を掲載し始めました。さらに、産経新聞や読売新聞までもが、スクープを後追いするのではなく、それらの反朝日キャンペーンに追随して朝日新聞批判をし始めたのです。

この間、朝日新聞は、終始無言を通しました。原発「吉田調書」報道の続報もなければ、そうした批判に対する反論もなく、ただただ同時期に問題として取り上げられていた慰安婦報道や池上彰の記事掲載拒否といった問題に対する批判の嵐の中で、ひたすら貝のように口を閉ざしました。そして、突如のごとく、9月11日の原発「吉田調書」報道の記事取り消しが、経営陣の謝罪とともに発表されたのです。

誤報でもない記事に対して、メディアの代表ともいえる朝日新聞の経営トップが、記者会見までして全面謝罪する。さらに、社長の退陣表明とともに、記者の処分を発表する――私たちはこうした朝日新聞社の自虐的な対応に、権力の監視役としての責務を放棄しようとする姿が重なり、非常に危機感を募らせました。そして、その裏にある「何か」に対して、かつて大学闘争の経験で身につけたうさん臭さを嗅ぎ取る臭覚で〝異様な匂い〟を感じ取ったのです。

私たちは、メディアは権力の監視役を果たすべきと考えています。しかし、安倍政権になって以降の一連の報道管制は、そうした機能を骨抜きにしようとする意図が感じられてなりません。だからこそ、私たちは今この原発「吉田調書」報道の記事取り消し問題を通して、多くの方々にメディアのあり方を考えていただきたく、私たちと同様に危機感を感じた仲間とともに本ブックレットを作らせていただきました。

誤解していただきたくないのは、私たちは決して朝日新聞社を潰そうとしているわけではありません。逆に叱咤激励しているのです。かつて私たちが大学闘争を闘っていた時に、朝日新聞や朝日ジャーナルが、大学当局の経営不正や学生への非道な弾圧に対して警鐘を促す報道をしてくれたように、常に〝真実〟を報道し続けてもらいたいと願っているだけです。

読者の皆さまには、本ブックレットに挟み込まれたハガキを用いて、是非とも朝日新聞社に私たちの質問に対して真摯に回答するよう要請いただくとともに、本来のメディアとしての機能を果たすよう叱咤激励のメッセージを送っていただきたく思います。そして、どんな時代にあっても権力を監視し続けるメディアとしての健全なジャーナリズムを守り通すために、私たちの活動に対してご支援・ご指導・ご協力を宜しくお願い致します。

2016年3月吉日

◎編著者プロフィール
原発「吉田調書」報道を考える読者の会と仲間たち
（げんぱつ「よしだちょうしょ」ほうどうをかんがえるどくしゃのかいとなかまたち）

原発「吉田調書」報道を考える読者の会は、2014年5月20日の朝刊1面トップに掲げた原発「吉田調書」報道記事を、その後の世間の批判の中で編集担当部門に反論の機会を与えず、記者会見を開いて謝罪し自ら記事の取り消しをしたことに対して、一連の朝日新聞社経営陣の対応の不可解さや不透明さに疑問を抱く中で、2015年4月に公開質問状を経営陣と社内報道と人権委員会（PRC）に送付しました。しかし、朝日新聞社はその質問に真摯に応えようとせず、無視を決め込んだため、以来、さまざまな形で朝日新聞社に対して説明責任を問うとともに、日本のジャーナリズムに対して権力を監視するメディアの本来のあり方を問う活動を続けています。本ブックレットを編著した原発「吉田調書」報道を考える読者の会と仲間たちは、そうした彼らの活動に賛同し、応援する仲間の集まりです。

原発「吉田調書」報道を考える読者の会　共同代表：大場久昭 / 中村順 / 岡本達思

連絡先：〒 162-0825 東京都新宿区神楽坂 2-16-5 松田ビル 牛込ハイム 402 号 城戸法律事務所気付

■ mail adress：yoshida.chousho.kangaeru@gmail.com

■ facebook　：https://www.facebook.com/yoshida.chousho.kangaeru

■ webcite　　：https://sites.google.com/site/yoshidachoushokangaeru/home

表紙＆本文漫画：壱花花

誤報《ごほう》じゃないのになぜ取《と》り消《け》したの？
——原発《げんぱつ》「吉田調書《よしだちょうしょ》」報道《ほうどう》をめぐる朝日新聞《あさひしんぶん》の矛盾《むじゅん》

彩流社ブックレット3

2016年4月11日　初版第一刷

編著者　原発「吉田調書」報道を考える読者の会と仲間たち ©2016
発行者　竹内淳夫
発行所　株式会社 彩流社
〒102-0071 東京都千代田区富士見2-2-2
電話　03-3234-5931
FAX　03-3234-5932
http://www.sairyusha.co.jp/

編　集　出口綾子
装　丁　福田真一［DEN GRAPHICS］
印刷　モリモト印刷株式会社
製本　株式会社難波製本

Printed in Japan　ISBN978-4-7791-2202-6 C0036
定価はカバーに表示してあります。乱丁・落丁本はお取り替えいたします。